김·두봉 짓음

조선 말본

서울 새·글·집 박음

머리말

길이없기어든가지야못하리요마는그말미암을땅이어대며본이없기어든말이야못하리요마는그말미암을바가무엇이뇨이러하므로감에는반듯이길이있고말에는반듯이본이있게되는것이로다그러나나는이말본을이렇게빠르게만들랴고는아니하엿고다만「말모인」만들기에만얼을받히엇더니슬프다꿈도생각도밖에지난여름에우리한힌샘스승님이돌아가시고이답지못한사람이이「말본」까지짓기에이르엇도다스승님이게실때에이미박아낸「조선말글본」이있엇으나이는짓은제넘우오랜것이므로늘고치어만드시려다가가르치시는일에넘우바쁘어서마츰내이루지못하시고돌아가시엇으므로이제에말본이매우아숩을뿐더러더욱우리한글배곧어른솔벗메와환글모임자한샘이이「말본」빨리만들기를여러번말슴하므로이에작은

힘을돌아보지아니하고이를만들엇거니와이로써스승님의여시던
길을넉넉이더열엇다함이아니요다만그길이묻히지나아니하게하
는김에힘자라는대까지는조곰조곰씩이라도더열어가면서이다음
에참훌륭한사람이나시기를기다리는뜻이로라

알기

ㄱ, 이글은이제에두로쓰이는조선말가온대에그바른본을말한것이니라

ㄴ, 이글은가장널리알아보도록하랴고맨조선말로만만들엇으되그잘못쓰는것은바로잡아쓰엇노니이를터면소리에「ㅺ ㅼ ㅽ ㅾ」들을「ㄲ ㄸ ㅃ ㅉ」로바로잡고말에「업스면」을「없으면」으로바루어쓴따위니라그러나이도또한한끝까지는아니하엿노니이를터면「하야」를「하아」로든지또한걸음더내키어「하어」로바로잡지아니한따위니라

ㄷ, 이글은서울말을마루로잡앗노라그러나이도본에맞지아니한것은좇지아니하엿노니이를터면「더우니」를아니좇고「덥으니」를좇은따위니라

ㄹ, 이글은말에알아보기좀거북한것을옆에한문으로달앗노니이를

더면「부하(肺臟)」「소리청(聲帶)」이렇게적은따위니라

ㅁ, 이글은조선말을으뜸삼으므로한문(漢文)음에는맞지아니할지라도말에만맞게하엿노니이를터면「됴션(朝鮮)」이라아니하고「조선」이라한따위니라

ㅂ, 이글은「말모이」에쓰랴고그러께여름에열물앒, 무원어른시골집에서만들엇던것인데지난가을불어이를좀더다스리어이제에마친것이니라

조선말본·벼리

조선말본·벼리 마침

조선말본·소리갈

● 첫재 소리내는틀(發音機關)

말의소리는부하(肺臟)로불어내쉬는숨에소리청(聲帶)이떨(振)어서나는것이니숨대머리(喉頭), 우목구녁(咽腔), 목젖(懸壅垂), 코, 입들에말미암아여러가지소리가되나니라

부하와숨대

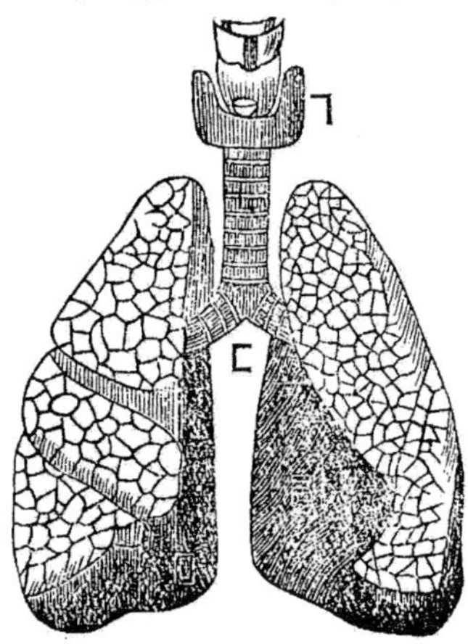

ㄱ 숨대머리
ㄴ 숨대몸
ㄷ 숨대가지
ㄹ 왼부하
ㅁ 옳은부하

부하는가슴속의큰얼안을차지한숨그릇(呼吸器)이니숨대가지(氣管支)끝에주머니끝같은것둘이달리어있어염통(心臟)을싸앗으며바탕은물솜(海綿)과같이돌이키힘(彈力)이많나니이를넓히고줄임에딸아소리에큰매임이있으며또숨

숨대

을 들이어쉴 때에는 숨대의 가늘게 펴어진 가지 끝에 달린 둥글고 작은 숨살알(氣胞)로 말미암아 그 가에 에어싼 피줄(血管)의 피를 새롭게 하나니라

부하살알

부하살알을 에어싼 피줄

숨대는 돌이키 힘(彈力)이 있는 줄대니 알은 숨대(氣管) 가지(支)로 부하(肺臟)에 이르어 펴어지고 우는 숨대머리(喉頭)로 우목구녁(咽腔)에 닿으니라

숨대머리

숨대머리는 다섯 여린뼈(軟骨)로 된 것이니 그 맨 우에 있는 것이 알에목젓(會厭軟骨)이라 이것이 숨대머리의 구녁 여닫(開閉)을 말아서 무엇을 먹을 때에 숨길을 막고 먹이(食物)를 밥길(食道)로 보내나니라

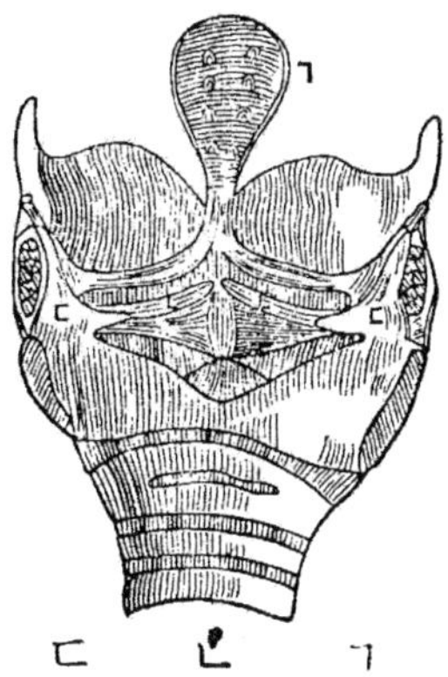

숨대머리

ㄱ 알에목젓
ㄴ 소리청
ㄷ 잔골여린뼈

이 숨대머리의 가온대로 붙어 조곰 우에 돌이키 힘(彈力)이 있는 두 조각이 있나니 이를 소리청(聲帶)

소리청

우목구녁

이라하며그두조각사이에빈구녁을소리구녁(聲門)이라하나니라

소리청은숨대머리(喉頭)의잔끌여린뼈(杯狀軟骨)의움즉임을말미암아스스로늘고줄고하나니이것이줄어팽팽하여지며소리구녁이좁아질때에부하로불어내쉬는숨을만나면이돌(彈)이기힘(力)이있는소리청은떨어움즉이어소리의비롯(始作)이되나니라

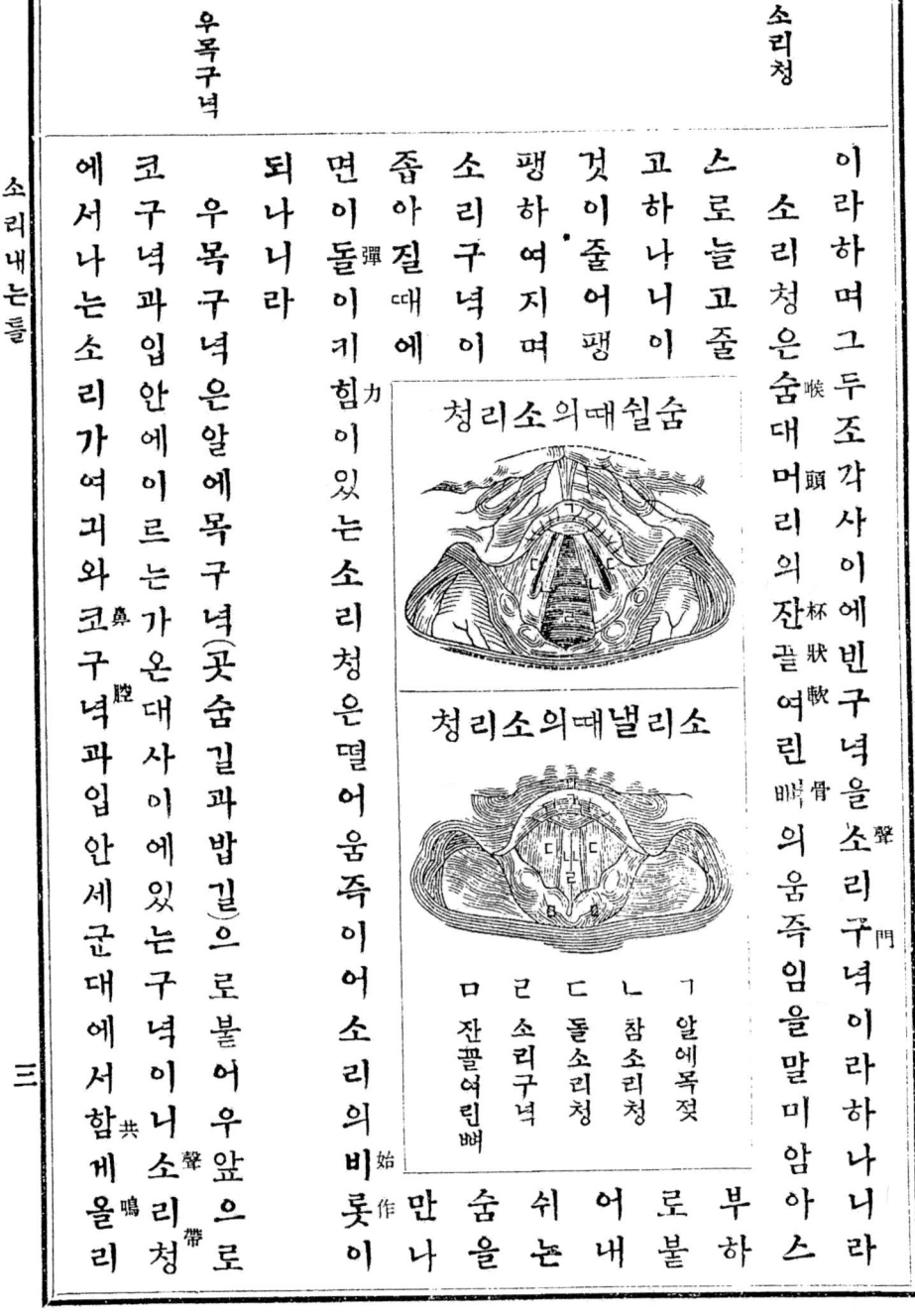

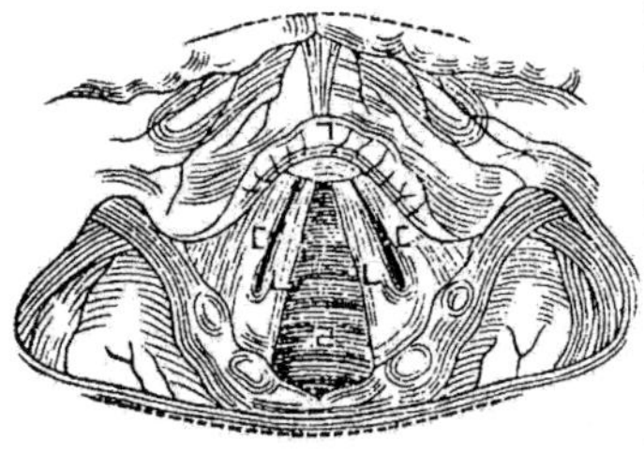

숨쉴때의소리청

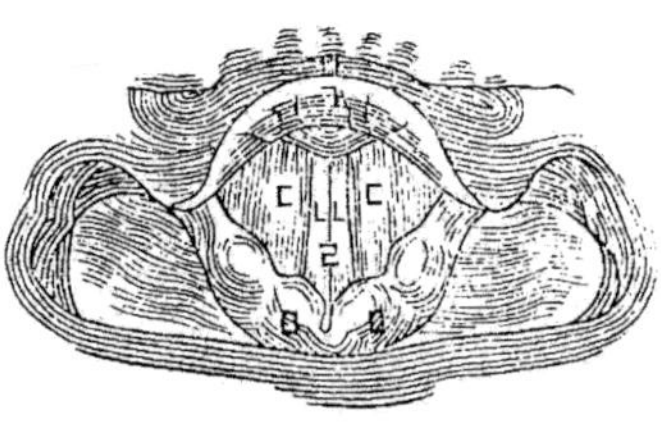

소리낼때의소리청

ㄱ 알에목젖
ㄴ 참소리청
ㄷ 돌소리청
ㄹ 소리구녁
ㅁ 잔끌여린뼈

우목구녁은알에목구녁(곳숨길과밥길)으로붙어우앞으로코구녁과입안에이르는가온대사이에있는구녁이니소리청(聲帶)에서나는소리가여괴와코구녁(鼻腔)과입안세군대에서함께(共)올리(鳴)

코구녁　입안　혀

나니라

코구녁은우목구녁의우로붙어코밑까지뚫리엇으며또목젓(懸垂)이있어우목구녁과서로트이거나막히나니라

입안은우목구녁(咽腔)의앞에있어알에우두덕과입살(唇)로싸고그안에니와혀가있나니우턱(上顎)은움죽이지아니하며알에턱(下顎)은움죽이므로알에니와입살(唇)과혀는이를딸아움죽이며또혀와입살(唇)은살의펴고옥으림을딸아스스로움죽이며입안의끝을여러가지로박구나니라

소리내는모든틀

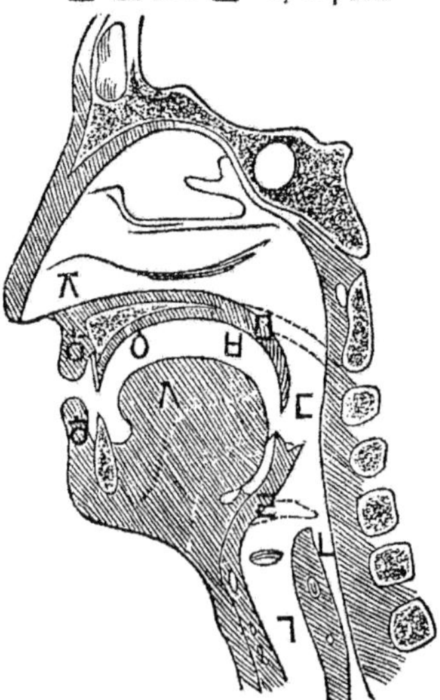

ㄱ 숨대　ㄴ 밥길　ㄷ 우목구녁　ㄹ 알에목젓　ㅁ 목젓　ㅂ 입안　ㅅ 혀　ㅇ 센입웅　ㅈ 코구녁　ㅎ 입살

혀는뿌리(舌根)와몸(舌體)과끝(舌尖)이있나니이세군대의오르내림이여러

홀소리와 닿소리

홀소리

가지소리만 들기에 가장 매임(關係)이 많으니라

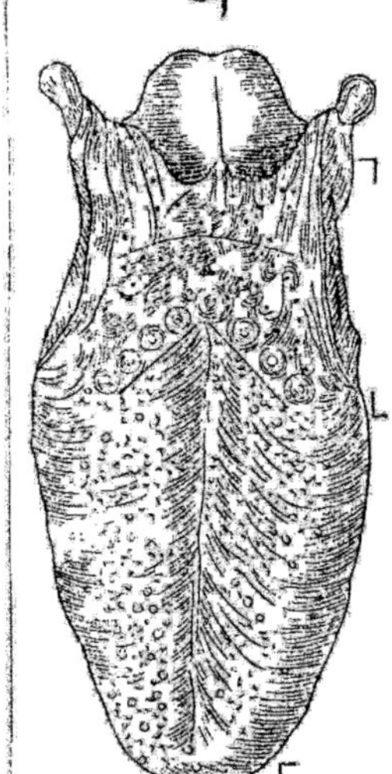

우턱에는 앞으로 센입웅(硬口蓋)과 그다음에 여린입웅(軟口蓋)이 있으며 이 여린입웅 뒤에는 작은 살조각(肉片)이 드리엇나니 이것이 곳 목젖(懸壅垂)이니라

● 둘재 소리의 갈래(種類)와 내는 본(發音法)

첫재 소리의 갈래(種類)

소리는 그 내는 바탕의 다름을 딸아서 홀소리(母音)와 닿소리(子音) 두 갈래(種類)로 난호나니라

홀소리는 소리청(聲帶)이 떨어서(振動) 나는 소리결(音波)이 우목구녁(咽腔) 코구녁(鼻腔) 입안(口腔)들에 지낼때에 그 함께(共) 울림(鳴)으로 말미암아 다음소리결(副音波)을 더(加)하거나 또는 덜(減)어서 여러가지가 되는 소리빗(音色)을 이름이니 소

리청밖에모든틀(諸機關)은내쉬는숨에갈리거나(磨擦되)떨림(振動)이없고다만혀의꼴(形狀)과두입살의꼴에딸아서여러가지다른소리가되나니라

홀소리의셈

홀소리의셈(數)우입안꼴의박구임(變化)을딸아서그셈이또한다함이없나니이다함이없는소리에다따로글씨를둘수는없으므로말에흔히쓰이는소리몇가지만본(標準)으로뽑아서쓰지아니할수없는지라이에우리말에쓰이는홀소리(母音)의셈(數)을들면「ㅏㅓㅗㅜㅡㅣㅐㅔ」모다여들이니라

(「ㅐ」와「ㅔ」는「ㅏ」와「ㅓ」에「ㅣ」를더하여만들은글씨니라그러나訓民正音에「ㅣ」는侵字中聲과같다하고「ㅐ」와「ㅔ」는무슨中聲과같단말이없는데이제「ㅐ」나「ㅔ」의끝소리는侵字中聲「ㅣ」와다르니라이러하므로三韻聲彙에도橫色等本中聲(곳「ㅏ」와「ㅓ」를가르침)外에「ㅣ」中聲은侵字中聲「ㅣ」와不同하다하엿을뿐아니라「ㅐ」의끝소리와「ㅔ」의끝소리가또서로다르므로이제서울말에쓰이는홀소리에는「ㅐ」와「ㅔ」도한홋홀소리로보는것이

배기에쉽으므로아즉은이렇게하고그글씨의되어온이와이는이담다른책에말하겟노라)

닿소리

닿(子音)소리는부하로붙어내쉬는숨이목구녁이나입안어느군대에갈(磨擦)리거나또는막(阻遏)히어서나는소리들을이름이니이를터면「ㅎ」은내쉬는숨이목구녁에서갈(磨擦)리어나는것이오「ㄷ」은내쉬는숨이센입웅(硬口蓋)에서혀끝의막음을헤치고나는것이니라

닿(子音)소리에두가지알아둘것이있으니한가지는소리나는자리요한가지는다른소리에옴기려함이라「ㄷ」을가지고말하면나는자리는혀끝에있다할것이요여긔에「ㅏ」를더하여「다」를내랴면어느덧혀가알로나리어가며「ㄷ」은「ㅏ」소리로옴기나니다시말하면닿(子音)소리만으로는홀로낼수가없나니이것이홀소리와서로다른빛(特色)이니라

닿소리의셈

닿(子音)소리의셈도그내는틀의짓(作用)을따라서셈(數)이다함이없으나

우리말에쓰이는셈(數)을들면「ㄱㄴㄷㄹㅁㅂㅅㆁㅈㅎ」모다열이니라

둘재 소리내(發)는(音)본(法)

말은소리에뜻을붙인것이므로그소리내(發)는(音)본(法)에익(熟)지(熟)못하면말을잘못적을일이많을지라이에우리말에쓰이는소리의내(發)는(音)본(法)을알에벌(列)이어적(記)고다따로따로말하노라

소리낼때에여러가지보는본이있으나그가온대에가장하기쉬운세가지를들면㉠교창이로혀의높낮이를보는일㉡거울로혀와입살의끌을보는일㉢가루를혀바닥에펴고입옹에알맞은조히를붙이어조히에묻은가루로혀의움즉인끌을짐작하는일들이니라

ㅏ내는본

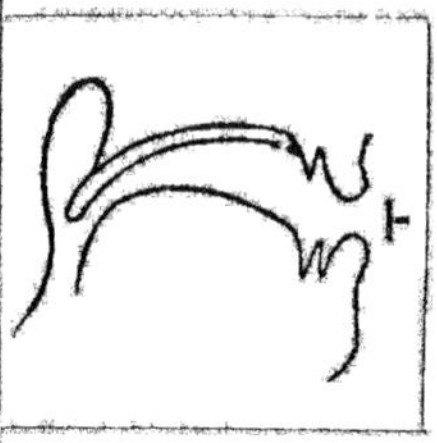

ㅏ는혀를제자리곳알(下)에니(齒)안(內)에평평하게두고알(下)에턱(顎)을널리벌이고내쉬는숨으로소리청(帶)을떨(振)어움(動)즉(시기)이어내는홀소리니이를혀뒤가온소리라

하노라말에보기를들면 例

안 (안。과밖이한빛이다)

알 (알。과우가한맘이다)

앗 (남의것을빼앗。느냐)

암 (암。그렇고말고)

들의첫소리며

감 (감。나무밑에눕어도삿갓밑사리를대어야한다고)

낫 (낫。놓고기억도모른다)

말 (말。잘하고글잘짓고)

밥 (밥。잘먹고옷잘입고)

들의가온대소리며

가 (이리저리가。는사람)

나 (나。는이리로만가오)

바 (어찌할바◦를알아야한다)
자 (맘깊이가멸자◦나되느냐)
들의끝소리니라
ㅑ와ㅕㅛㅠ、ᆝ와ㅘㅝㅒㅖㅢㆇㅟㆌㆎ괘ㅖ들은이알소리의거듭」에보임

ㅓ는혀舌의바닥後部뒤를ㅓ보다좀낮히고알下顎에턱을널

리벌이고내쉬는숨으로소리聲帶청을떨어움즉이어내는홀소리니이를혀뒤낮히소리라하노라말에보기를들면

언 (언◦은도치나잃은도치나)
얼 (얼◦빠진소리하지말아라)
엄 (그엄◦쪽에적힌돈이얼마냐)
업 (아기를업◦다)

ㅓ내는본

ㅗ내는본

들의첫소리며

걸 (하늘에턱을걸。고)

넘 (물밀듯넘。어온다)

먹 (한갈갈이먹。은맘)

범 (범。갈이날랜사람)

들의가온대소리며

너 (너。는저일을하여라)

더 (그일이더。좋다)

서 (서。지말고앉거라)

저 (저。언덕에이르리라)

들의끝소리니라

ㅗ는혀를제자리(自然의位置)대로두고알(下顎)에턱을벌이며소리청을떨(振)어 움(動)즉임을ㅏ와갈이하되다만ㅏ보다다다른것은입살을동그랑

게 옴으리어 들입이니 이를 입살옴으리.소리라 하

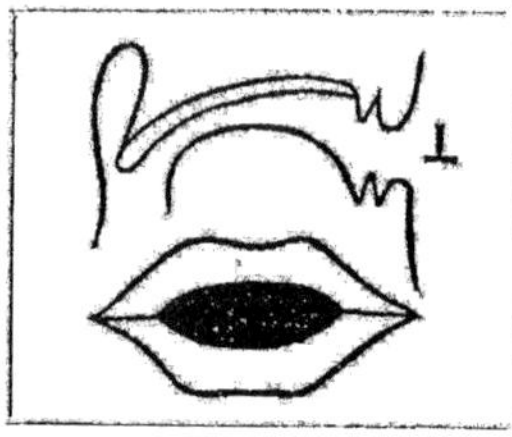

노라 이도 홀소리(母音)나 다만 ㅏㅐㅔ들을 뒤에두고 거듭될때에는 닿소리(子音)와 같아서 그나는동안이 길지못하니라 말(例)에 보기를 들면

옥 (옥。니박이 말못한다)

온 (온。쌀이냐 쌀애기냐)

올 (올。심어 늦먹는다)

옷 (옷。잘입고 밥잘먹고)

들의 첫소리며

곰 (맛좋기는 곰。의 발바닥이다)

논 (논。을 갈며 밭을 갈고)

돌 (돌。보다 단단하다)

목 (목。구녁이 바다같다)

ㅜ내는본

들의가온대소리며
모 (보리의자모ㅇ옴긴다)
보 (집보ㅇ고속알지)
소 (소ㅇ뿔은닷적에빼다)
조 (조ㅇ한섬에얼마하느냐)
들의끝소리니라
ㅜ는ㅓ내는본과같으나다만입살을좁흐리어내나니이를
입살좁흐리

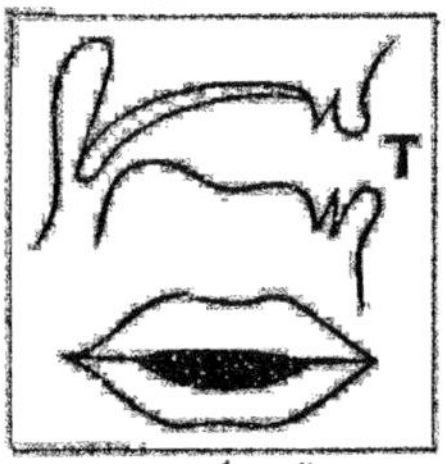

려나다만ㅓㅣㅔ들을뒤에두고거듭
소리라하노
될때에는망子소리音와같아서그나는동
라이도또한
안이길지못하니라말에보기를들면
홑單소리音라그
욱 (욱ㅇ어지어붉은신나무)
울 (꽃피고새울ㅇ고)

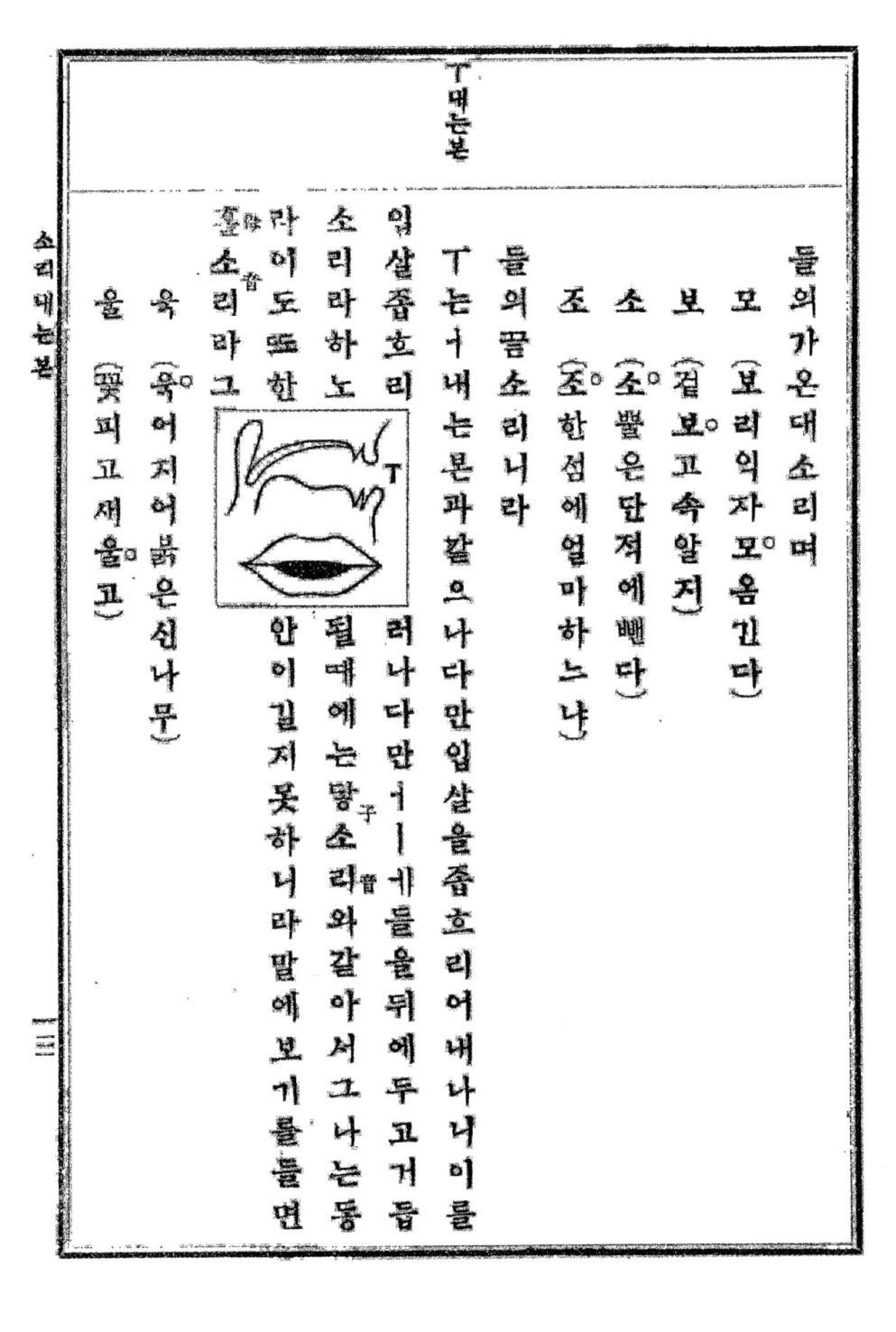

움 (봄나무에움○이난다)

웃 (아기가웃○는다)

들의첫소리며

국 (국○끓이고밥하고)

눈 (홰불같은그눈○빛)

물 (뫼높고물○맑은땅)

붓 (붓○과조히내벗이라)

들의가온대소리며

두 (그일은그만두○어라)

무 (가을무○가맛이좋다)

수 (참수○나앗구려)

주 (임이시여일우게하여주○소서)

들의끝소리니라

ㅡ내는본

ㅡ는 혀바닥을 입웅(口蓋)쪽으로 좀 올리고 알에턱(下顎)은 조곰만 벌이되 두니사이(兩齒)가 거이 떨어지지 아니하도록 하고 내

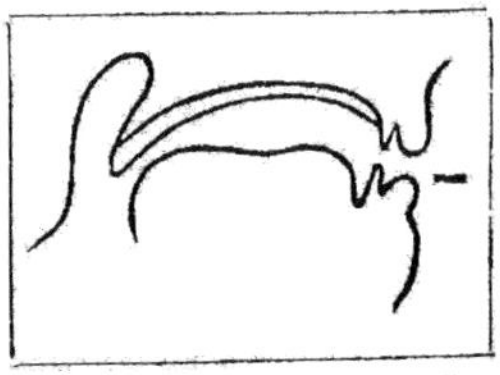

쉬는 숨으로 소리청(聲帶)을 떨어움즉(振動시기)이어 내는 홑소리(母音)니 이를 혀몸가온소리라 하노라 그러나 다만 ㅣ를 뒤에 두고 거듭될 때에는 당소리와 같아서 그 나는 동안이 길지 못하니라 말에 보기를 들면

은 (힘은。 좋으나 슬기가 없다)

을 (일을。 많이 한다)

들의 첫소리며

글 (글。을 읽어라)

늦 (늦。어가는 때)

들의 가온대소리며

그 (그。이가 뜻이 좋다)

ㅣ내는본

의끝소리니라

ㅣ는혀바닥앞(舌의前部)을입웅(口蓋)쪽으로혈신올리고알에력을조곰벌이며내쉬는숨으로소리청(聲帶)을떨어움(振動)즉시이어내는

홀소리(母音)니이는혀앞높이소리라하노라 그러나다만모든(各)홀소리(母音)를뒤에두고거듭될때에는닿소리와같아서그나는동안이길지못하니라말에보기를들면

○일(일많이하는사람)
○임(임이고짐지고)
○입(입은하나요눈은둘이라)
○잇(잇을때없도다)

들의첫소리며

○길(길들일사람)
○믿(믿을만한사람)

ㅐ내는본

빗 (갓빗。은술)
실 (실。뽑는틀)
들의가온대소리며
니 (봄이오니。꽃이피오)
비 (바람불고비。오고)
지 (짐지고가는사람)
히 (눈같이희。다)
들의끝소리니라
ㅐ는혀바(舌)의 열며내쉬는숨으로소(發)리청(帶)을떨(振)어(動)움ㅅ즉ㄱ
닥(後)뒤(部)를ㅏ보 이어내는홀(母)소(音)리니이를혀뒤높이소리
다조곰높이 라하노라말에보기를들면
고알(下)에턱(顎)을

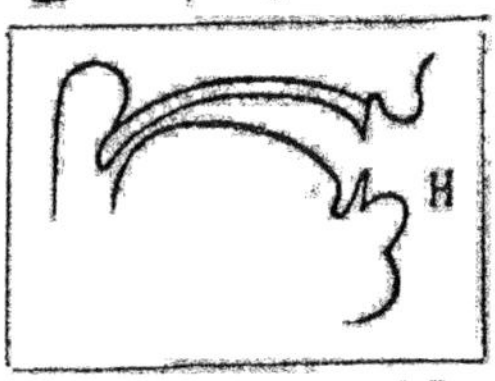

앵 (앵ㄱ하는모기소리)

의첫소리며

맷(열매맷。은나무)

뱀(뱀。갈이모질도다)

샘(샘。솟듯솟아난다)

들의가온대소리며

대(대。가푸르다)

배(배。로건진다)

새(새。가나른다)

들의끝소리니라

ㅔ내는본

ㅔ는혀(舌)의바닥앞(前部)을ㅣ보다좀낮히고알에턱을열

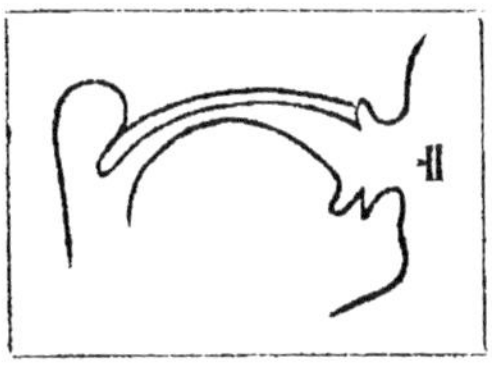

며내쉬는숨으로소리청을떨어움즉이어내는홀소리니이를혀앞높이소리라하노라말에보기를들면

모든홀소리내는본

에 (맘에있으면꿈에보인다)

의소리니첫소리의말보기는찾지못함

겟 (나는가겟다)

셋 (하나에둘을더하면셋이다)

셈 (돈셈을맑힌다)

들의가온대소리며

게 (뒤걸음치는게)

네 (네가내게이리하느냐)

베 (칼로조히를베고)

세 (얼마냐세어보아라)

들의끝소리니라

이우에말한홀소리(母音)들의내는본(發音法)을다시밝게말하면ㅏ는혀를제자리(自然의位置)대로두고ㅓ는ㅏ보다혀바닥뒤(舌의後部)를좀낫히며ㅐ는ㅏ

보다혀바닥(舌의後部)뒤를좀높이며ㅡ는혀바닥왼(全體)몸을좀높이고입을조곰만벌이며ㅣ는혀(舌의)바닥(前部)앞을휠신

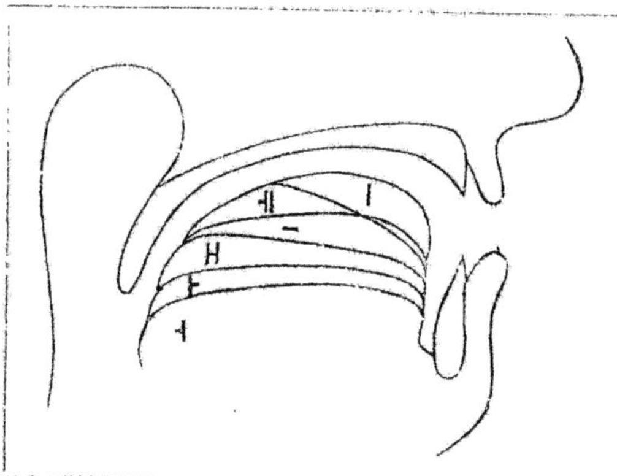

높이고입을조곰벌이며ㅔ는ㅣ보다혀(舌의前部)바닥앞을조곰낮히나니우에그림을보면짐작할것이요또ㅗ와ㅜ는ㅏ와ㅓ에입살을옴으리어들이거나좁흐리어내는일만더하야된것이니라

ㄱ내는본

ㄱ은혀(舌根)뿌리를목젖(懸壅垂)에닿이어막고내쉬는숨으로이를헤치어내는닿(子音)소리니이를혀(舌)뿌(根)리헤치소리라하노라

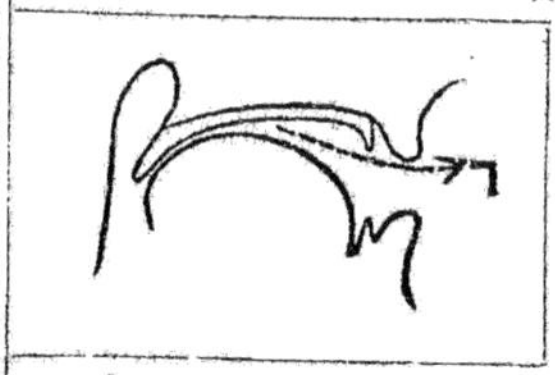

제혼자는나지못하고반듯이어느홀(母音)소리에기대어나며또「기윽」이라함은부르는이름이요제소리는아니니알에말한다(他)른닿(子音)소리(곳니은,디은……히웋)들도다

이러하니라 말에 보기를 들면

가 (겨울은 가。가고 봄이 온다)

고 (옷고름 고。를 길게 빼고)

들의 첫소리며

아기 (젖먹는 아。기)

욱이 (억지로 욱。이지 말고)

들의 가온대소리며

욱 (욱。니 박이 말못한다) 거듭

의 끝소리니라

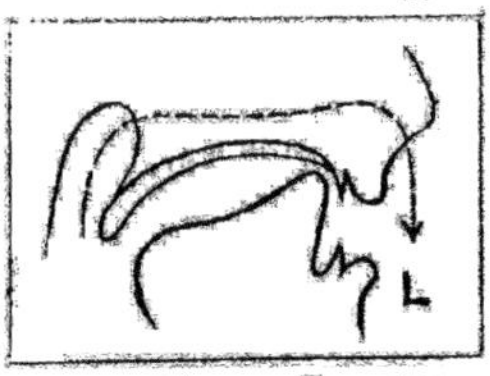

ㄴ은 혀끝(舌尖)을 센입웅(硬口蓋)에 닿이어 막고 내쉬는 숨으로 목젖(懸壅垂) 뒤 우로 코구(鼻腔)녁으로 내는 닿소리니 이를 혀끝(舌尖)코소리라 하노라 말에 보기를 들면

ㄴ내는본

나 (나○는 간다)
너 (너○도 가자)
들의 첫소리며
어느 (어○느○것이 더좋으냐)
오누 (오○누○끼리 사이좋다)
들의 가온대소리며
안 (걸볼안○이다)
온 (온○쌀이냐 쌀애기냐) 거듭
들의 끝소리니라

ㄷ내는본

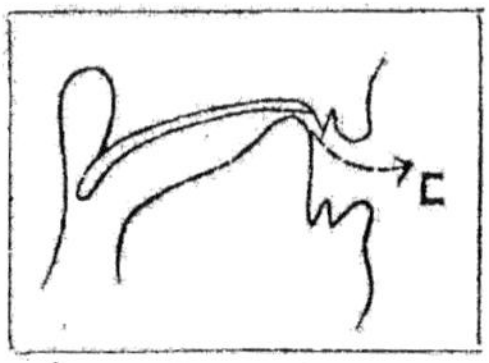

ㄷ은 혀끝(舌尖)을 센입웅(硬口蓋)에 닿이어 막앗다가 내쉬는 숨으로 이것을 헤치어내는 닿소리니 이를 혀끝(舌尖)헤치소리라하노라 말에 보기를 들면

ㄹ내는본

다 (이것저것다。좋다) 두 (길을두。고뫼로간다) 들의첫소리며 어대 (어。대로가느냐) 오디 (오。디는뽕나무열매) 들의가온대소리며 얻 (얻。은도치나잃은도치나) 거듭의끝소리니라

ㄹ은혀끝(舌尖)을센입웅(硬口蓋)에살작닿이고내쉬는숨으로이사이를갈아(摩擦)구르어내는닿소리니이를혀끝구르소리라하노라말에보기를들면

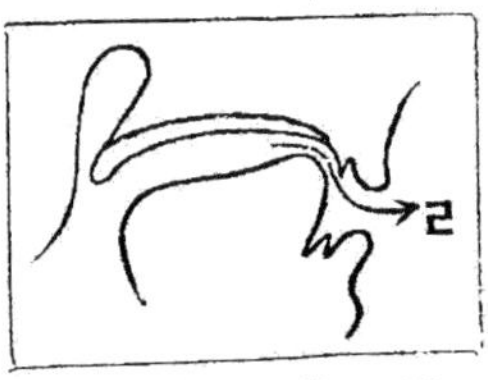

러 (일보러。간다)

로 (소로。밥을갈다)

들의첫소리며

오르 (오。르고내리고)

우리 (우。리집에가자)

들의끝소리니라

ㅁ은알에우두입(脣)살을한대닿이어막고내쉬는숨으로목젖(懸壅垂)뒤우로코구녁으로내는닿(子)소(音)리니이를입살、코소리라하노라말에보기를들면

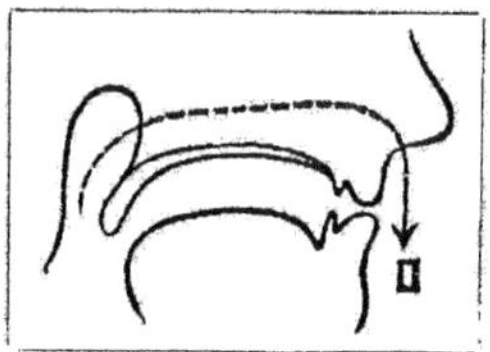

ㅁ내는본

모 (보리의자모。옮긴다) 거듭

무 (가을무。맛이좋다) 거듭

들의첫소리며

아마 (그일이아。마되겟지)

ㅂ내는본

이미 (이미。끝난일이다)
들의가온대소리며
엄 (그엄。쪽에적힌돈이얼마냐) 거듭
움 (봄나무에움。이난다) 거듭
들의끝소리니라

ㅂ은알에우무입살을한대닿이어막고내쉬는

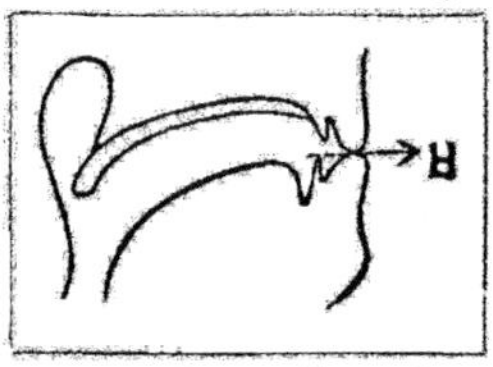

숨으로이를헤치어내는닿(子音)소리니이를입(脣)살헤치소리라하노라말에보기를들면

바 (어찌할바。를알아야한다) 거듭
비 (비。가오니움이잘자리오)
들의첫소리며
애비 (돌쇠애。비부른다)

의가온대소리며
업 (아기를업○는다) 거듭
입 (입○은하나요눈은둘이라) 거듭
들의끝소리니라
ㅅ은혀끝고내쉬는숨으로이사이를갈磨아擦내는닿
을센입웅끝소리니이를혀舌끝尖갈磨이尖소磨리라하노라말
우니바로뒤에보기를들면
에살작닿이

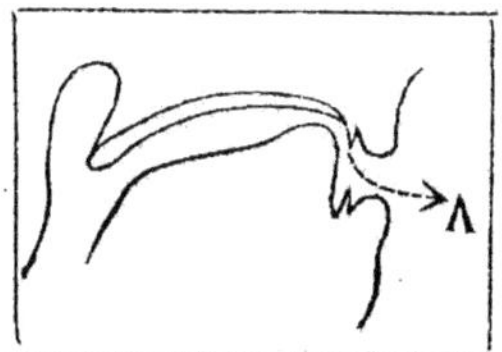

서 (서○지말고앉거라)
소 (소○보다힘이세다)
들의첫소리며
아시 (아시○갈이)
어서 (어서○오나라)

ㅅ내는본

들의가온대소리며

옷 (옷을입어라)

웃 (가난을남이웃고가멸을새오나니)

들의끝소리니라

○은이제없는소리니「아야」줄의소리들은곳다른줄의끝소린까닭이며또받힘「이웅」이란것을「○」이렇게씀은잘못이요알에말한「ㆁ」이곳그것이니라

ㆁ내는본

ㆁ은혀뿌리를목젓(懸壅垂)에닿이고내쉬는숨으로목(懸)

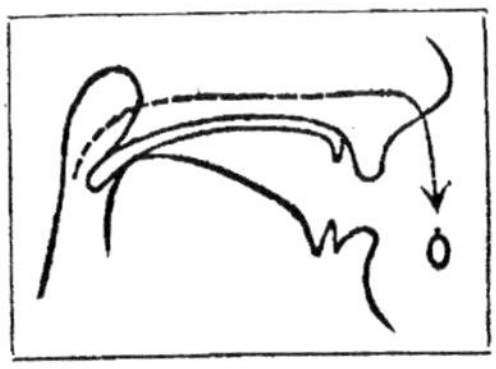

젓(壅垂)뒤우로코구녁으로내는닿(子音)소리니이를혀(舌根)뿌리코소리라하노라말에보기를들면

아 (ᅌᅡ그일이그렇더냐)

으 (ᅌᅳ그일이그렇구나)

들의첫소리며

옹이 (솔나무옹。이에불이잘붇는다)

잉아 (베틀에잉。아갈다)

들의가온대소리며

웅 (집웅。에올라간다)

의끝소리니라

ㅈ은혀앞(곳혀끝에서좀안으로들어온쪽)을센(硬)입웅(口蓋)에조곰닿이고내쉬는숨으로이사이를갈아내는닿소리(子音)니이를혀앞갈이소리라하노라말에보기를들면

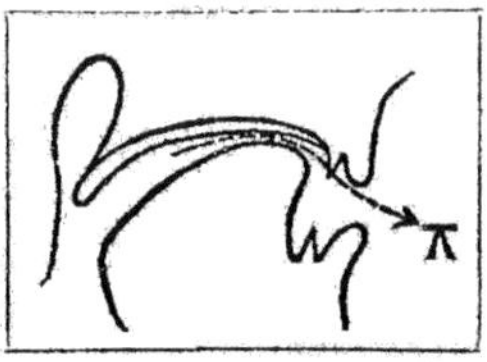

자 (그베가멸자。냐)

지 (해지。고달뜨어온다)

들의첫소리며

ㅎ내는본

아주 (그것이아。주썩좋다)

어제 (어。제진달이돋아온다)

들의가온대소리며

낮 (낮。에는일하고밤에는잠자오)

맞 (새해맞。아새일하고)

들의맨끝소리니라

ㅊ과ㅋㄷㅍ과믿ㄲㄸㅃㅆㅉ들은이알소리의거듭에말함

ㅎ은내쉬는숨으로목구녁에붇어지어갈아내

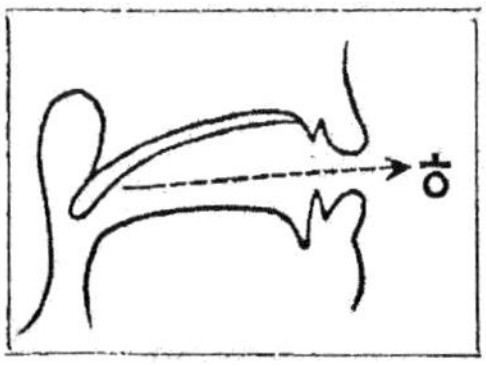

는닿소리니이를목구녁갈이소리라하노라그러나어느때에든지소리청을떨어움즉임은없는까닭에이를홀소리라고는아니하노라말에보기를들면

하 (일은하。는대로된다)

히 (조히빛이히。다)

모든닿소리내는본

들의첫소리며
아하 (아하이것무슨일이냐)
어허 (어허이것무슨일이냐)
들의가온대소리요
놓 (총놓앗다)
좋 (말이좋으니글도좋겟지)
들의맨끗소리니라
아우에말한닿(子音)소리들의내는본(發音法)을다시밝게말하면ㅂ과ㅁ은다입살소리나ㅂ은내쉬는숨으로입살만헤치어내고ㅁ은코구녁으로내며ㄴ과ㄷㄹㅅ은다혀끗소리나ㄴ은내쉬는숨으로코구녁으로내고ㄷ은혀끗(舌尖)과센입웅(硬口蓋)을헤치어내고ㄹ은살작닿이는혀끗(舌尖)을숨으로구르어내고ㅅ은조곰닿이는혀끗을숨으로갈(磨擦)아내며ㅈ은혀앏(곳혀끗에서좀안으로들어온쪽)

갈래	글씨	이름	풀이
홀소	ㅏ	ㅏ	혀뒤가온소리
	ㅓ	ㅓ	혀뒤낮히소리
	ㅗ	ㅗ	입살옴으리소리
	ㅜ	ㅜ	입살좁호리소리

을센입웅(硬口蓋)에조곰닿이고내쉬는숨으로이두사이를갈아(磨擦)내며ㄱ과ㆁ은다혀뿌리(舌根)소리나ㄱ은내쉬는숨으로혀(舌)

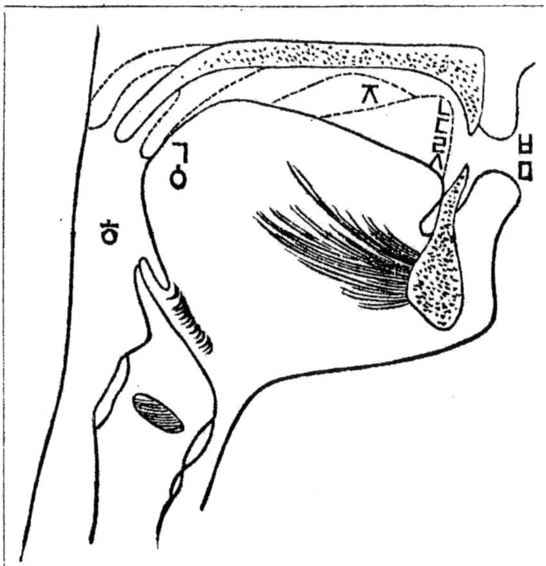

뿌리(根)와목젖(懸壅垂)사이를헤치어내고ㆁ은코구녁으로내며ㅎ은목구녁을갈아내나니우에그림으로짐작하여볼지니라

리				닿			소						리
ㅡ	ㅣ	ㅐ	ㅔ	ㄱ	ㄴ	ㄷ	ㄹ	ㅁ	ㅂ	ㅅ	ㅇ	ㅈ	ㅎ
ㅡ	ㅣ	ㅐ	ㅔ	기윽	니은	디읃	리을	미음	비읍	시읏	이옹	지읒	히읗
혀몸가온소리	혀앒높이소리	혀뒤높이소리	혀앒낫히소리	혀뿌리헤치소리	혀끝코소리	혀끝헤치소리	혀끝구르소리	입살코소리	입살헤치소리	혀끝갈이소리	혀뿌리코소리	혀앒갈이소리	목구녁갈이소리

셋재 소리의거듭(合)

같은갈래의소리들이저의끼리만날때에어울어지어한덩이가되는것을소리의거듭이라하나니라

셋재 홀소리(母音)의 거듭(合)

홀소리의 거듭

홀소리(母音)가 거듭될때에 그 첫소리는 닿소리(子音)와 같아서 그 나는 동안을 늘일수가 없으며 그 첫소리를 늘일때에는 거듭되지 아니하고 다 따로 따로 나나니라 알에 거듭된 홀소리들을 벌이어 적노니

ㅣㅏ의 거듭

ㅑ ㅣ와 ㅏ를 빠르게 붙이어 내면 ㅑ가 되나니라 그러나 이 ㅑ의 첫소리 곳 ㅣ는 홀로 날때와 같지 아니하야 그 나는 동안을 늘일수 없나니라 말에 보기(例)를 들면

말에 보기를 찾지 못함

ㅣㅓ의 거듭

ㅕ ㅣ와 ㅓ를 빠르게 붙이어 내면 ㅕ가 되나니라 그러나 이 ㅕ의 첫소리 곳 ㅣ는 홀로 날때와 다름이 ㅑ에 말함과 같으니라 말에 보기를 들면

「그리어」를 「그려」라 함

ㅣㅗ의거듭

ㅛ ㅣ와ㅗ를빠르게붙이어내면ㅛ가되나니라그러나첫소리ㅣ는ㅑ에말함과같으니라말에보기를들면
「시오」를「쇼」라고하는대가있음

ㅣㅜ의거듭

ㅠ ㅣ와ㅜ를빠르게붙이어내면ㅠ가되나니라그러나첫소리ㅣ는ㅑ에말함과같으니라
말에는보기를찾지못함

ㅣㅡ의거듭

、는요사이잘못「알에ㅏ」라하나그참은ㅣ와ㅡ의거듭한소리니 이는ㅑㅕㅛㅠ가ㅏㅓㅗㅜ에ㅣ몬저거듭한소리의딴보標람인것을보아도、는ㅡ에ㅣ몬저거듭한소리의보標람인줄을알지며옛글에「흙」을「ᄒᆞᆰ」「기름」을「기ᄅᆞᆷ」「며느리」를「며ᄂᆞ리」라고쓴것을보아도、는ㅡ와비슷한소린줄을알지며세로ㅣ와가로ㅡ의거듭한보標람을세縱도아니요가橫도아닌、로한것이또한밝은지라그러하나이소리가이제에는도모지쓰이지아니하나

ㅗㅏ의거듭

니라

ㅘ ㅗ와ㅏ를빠르게붙이어내면ㅘ가되나니라그러나첫소리ㅗ는홀로날때와같지아니하야그나는동안을늘일수없나니라말에보기를들면

「오아」를「와」라고함(아가토니라)

ㅜㅓ의거듭

ㅝ ㅜ와ㅓ를빠르게붙이어내면ㅝ가되나니라그러나첫소리ㅜ는홀로날때와같지아니하야그나는동안을늘일수가없나니라말에보기를들면 例

「밀우어」를「밀워」라고함(어가토니라)

ㅣㅐ의거듭

ㅐ는이우「소리내는본」에말함

ㅒ ㅣ와ㅐ를빠르게붙이어내면ㅒ가되나니라그러나첫소리ㅣ는ㅑ에말함과같으니라말에보기를들면

「이애」를「얘」라고함

ㅖ는이우「소리내는본」에말함

ㅣㅓ의거듭

ㅖ ㅣ와ㅓ를빠르게붙이어내면ㅖ가되나니라그러나첫소리ㅣ는ㅑ에말함과같으니라말에보기를들면「그러기에」를「그러계」라고함

ㅗㅓ의거듭

ㅚ ㅗ와ㅓ를빠르게붙이어내면ㅚ가되나니라그러나첫소리ㅗ는ㅘ에말함과같으니라
ㅚ는말소리에쓰이지아니하나니라

ㅜㅣ의거듭

ㅟ ㅜ와ㅣ를빠르게붙이어내면ㅟ가되나니라그러나첫소리ㅜ는ㅝ에말함과같으니라말에보기를들면「꾸인다」를「뀐다」라함
ㅟ는말의소리에쓰이지아니함

ㅡㅣ의거듭

ㅢ ㅡ와ㅣ를빠르게붙이어내면ㅢ가되나니라그러나첫소리ㅡ는홑로날때와같지아니하야그나는동안을늘일수가

없나니라말에보기를들면
「그이」를「긔」라함
、는말소리에쓰이지아니함

ㅗㅐ의거듭

괘 ㅗ와ㅐ를빠르게붙이어내면괘가되나니라그러나첫소리ㅗ는나에말함과같으니라
(「괘」의끝소리는곧「개」의끝소리와한가지니라)

ㅜㅔ의거듭

궤 ㅜ와ㅔ를빠르게붙이어내면궤가되나니라그러나첫소리ㅜ는텨에말함과같으니라
(「궤」의끝소리는곧「게」의끝소리와한가지니라)

둘재 닿소리(子音)의거듭(合)

닿소리의거듭

닿소리는섞임거듭,덧거듭,짝거듭,세가자가있나니

섞임거듭

(ㅏ)섞임거듭은그거듭하는자리의몬저와나종에매임(關係)이없나니라알에섞이어거듭된소리들을벌(列)이어적(記)노니

ㄱㅎ、ㅎㄱ의거듭

ㅋ 혀뿌리를목젖에닿이고내쉬는숨으로목구녁을갈아(磨擦)내는그때에혀뿌리(舌根)와목젖(懸壅垂)닿은것을헤치면곳ㅋ소리가되나니혀뿌리(舌根)를목젖(懸壅垂)에닿임은ㄱ이오숨으로목구녁을갈아냄은ㅎ이라그러나이는어느소리가몬저나앗다할수가없나니웨그러냐하면ㄱ이몬저되고ㅎ이나종되나ㅎ이몬저되고ㄱ이나종되나다같이ㅋ될따름인까닭이라말에보기를들면

「막하」는「마카」와같고「좋고」는「조코」와같음

ㄷㅎ、ㅎㄷ의거듭

ㅌ 혀끝을센입웅(硬口蓋)에닿이고내쉬는숨으로목구녁을갈아(磨擦)내는그때에혀끝과센입웅닿은것을헤치면곳ㅌ소리가되나니혀끝을센입웅에닿임은ㄷ이요숨으로목구녁을갈아냄은ㅎ이라그러나이도또한ㄷㅎ거듭과ㅎㄷ거듭이한가지니라말에보기를들면

「벋히」는「버티」와같고「좋다」는「조타」와같음

ㅂㅎ、ㅎㅂ의거듭

ㅍ 두입살을한태닿이고내쉬는숨으로목구녁을갈아내는그때에입살을헤치면곳ㅍ소리가되나니입살을닿임은ㅂ이요숨으로목구녁을갈아냄은ㅎ이라그러나이도또한ㅂㅎ거듭과ㅎㅂ거듭이한가지니라말에보기(例)를들면

「밥하」는「바파」와같고「조ㅎ밥」은「조팝」과같음

ㅈㅎ、ㅎㅈ의거듭

ㅊ 혀앒(舌前部)을센입웅(硬口蓋)에조곰닿이고내쉬는숨으로목구녁을갈아내는그때에혀앒과센입웅사이를갈아내면곳ㅊ소리가되나니혀앒을센입웅에조곰닿임은ㅈ이요목구녁을갈아냄은ㅎ이라그러나이도또한ㅈㅎ거듭과ㅎㅈ거듭이한가지니라말에보기를들면

「맞히」는「마치」와같고「좋지」는「조치」와같음

섞임거듭에는ㅎ이섞일만한바탕이있는까닭이니ㄱㄷㅂㅈ밖에다른닿소리와도다이러하니라

덧거듭

(ㅓ)덧거듭은그거듭되는자리대로만소리가나는것이니다시말하면몬저거듭된소리는몬저나고나종거듭된소리는나종나나니라 보기를들면ㄸㅃ……들이니이를두홀소리사이에두어「악다」(말은아니라)라부르면두ㅏ사이에ㄱㄷ이한덩이로거듭하나니라그러나처음ㅏ소리담에는혀뿌리를목젓에닿이고그담에는혀끝을센입웅에닿이고그담에끝에ㅏ를내나니처음ㅏ담에혀뿌리를목젓에닿임은ㄱ이요그담에혀끝을센입웅에닿임은ㄷ이라그러나이를박구어「안가」라부르면처음ㅏ담에ㄷㄱ소리내는(發하)들(機關)이몬저ㄱㄷ소리내는들과자리(位置)를바꾸며소리도딸아서바꾸이나니라ㅃ은ㄸ의거듭하는본(法)과같으며다른덧거듭도다이러하나니이것이섞임소리와서로다른빛(點)이니라

짝거듭

(ㅗ)짝거듭은같은소리끼리거듭한것이니보기를들면ㄲㄸ

ㅃㅉㅆ……들이니요사이된시옷이라하야「ㅺㅼㅽㅾ」으로씀은 잘못이니「훈민졍음」(訓民正音)에「나란이쓴다」(並書)는말도있거니와소리속(音裏)으 로말하드래도ㄲ소리를낼때에혀뿌리를목젓에닿이기를ㄱ 둘만콤단단하게할따름이요ㅆ소리낼때와같이처음은혀끝 을센입웅에조곰닿이고그담에혀뿌리를목젓에닿이는것이 아니니다른짝소리들도다이러하니라

닿소리가서로만나면얼마든지거듭하야한덩이가되나니 라그러나많이거듭할때에는아니들어나는소리가많나니이 는어찌할수가없는힘(勢)이니라

갈래	글시	거듭한 홋소리	풀이
홀	ㅑ	ㅣ、ㅏ	말에보기를찾지못함
	ㅕ	ㅣ、ㅓ	「그리어」를「그려」라함
소	ㅛ	ㅣ、ㅗ	「시오」를「쇼」라는끝도있음

리의거듭		
ㅠ	ㅣ、ㅜ	말에보기를찾지못함
ㅘ	ㅗ、ㅏ	「오아」를「와」라함
ㅝ	ㅜ、ㅓ	「밀우어」를「밀워」라함
ㅒ	ㅣ、ㅐ	「이애」를「얘」라함
ㅖ	ㅣ、ㅔ	「그러기에」를「그러계」라함
ㅚ	ㅗ、ㅔ	끝소리가ㅔ니라
ㅟ	ㅜ、ㅣ	「꾸이」를「뀌」라함
ㅢ	ㅡ、ㅣ	「그이」를「긔」라함
ㅙ	ㅗ、ㅐ	끝소리가ㅐ니라
ㅞ	ㅜ、ㅔ	끝소리가ㅔ니라

당소 쉬임거듭		
ㅊ	ㅈ、ㅎ ㅎ、ㅈ	「맞히」는「마치」、「조ㅎ지」는「좋지」와같음
ㅋ	ㄱ、ㅎ ㅎ、ㄱ	「막하」는「마카」、「조ㅎ고」는「조코」와같음
ㅌ	ㄷ、ㅎ ㅎ、ㄷ	「벋히」는「버티」、「조ㅎ다」는「조타」와같음
ㅍ	ㅂ、ㅎ ㅎ、ㅂ	「밥하」는「바파」、「조ㅎ밥」은「조팝」과같음

리의거듭

덧거듭		짝거듭				
ㄱㄷ	ㄱㅂ	ㄲ	ㄸ	ㅃ	ㅉ	ㅆ
ㄱ、ㄷ	ㄱ、ㅂ	ㄱ、ㄱ	ㄷ、ㄷ	ㅂ、ㅂ	ㅈ、ㅈ	ㅅ、ㅅ
「악다」가「안가」와다르나니「ㄱ、ㅂ……」다른덧거듭소리도다이러함		된시옷이라하야「ㅺ、ㅼ、ㅽ、ㅆ」이러하게씀은잘못이니라				

(ᆞ、ᆢ、ㅹ、ㆀ、ᆝ들은이제쓰이지아니함)

● 넷재 소리의고룸(調)

첫재 홀소리의길이와높이

홀소리에는길이와높이가있나니길이는나는동안(時間)을이름이요높이는소리청의떨어움(振動)즉임의셈(數)을이름이니라말에보기를들면

긴소리	이시소리(普通音)

홀소리의길이

새	(날새어떠하오닛가)	새	(잘새는날아들고)
말	(이말에집이많소)	말	(다락가튼말을타고)
배	(글을배고)	배	(먹물이배고)

이우는길이를말함이니새,말,배들의길이는ㅐㅏㅐ들의길이니라그런데우리말의길이에이사(普通)소리보다짜른것은아죽찾지못함

이 홀소리의높이

높은소리		이사소리		낮은소리	
갈	(벼슬을갈고)	갈	(칼을갈고)	갈	(밭을갈고)
달	(맛이달고)	달	(괴를달고)	달	(몸이달고)
말	(말을타고)	말	(말로되고)	말	(말을잘하고)

이우는높이를말함이니갈,달,말들의높이는ㅏ에있나니라

길이와높이는같은말에도느낌을들어내랴고씀이많나니보기를들면「암그렁고말고」하는말에「암」소리가길때에는더욱

기림을들어냄이며또「이것보오」하는말에「오」소리를높이면뭇는말이되고낮히면시기는말이되는따위들이니라

둘재 닿소리의잇어바꿈(子音連變)

닿소리가잇어(連發)날때에그내는들(發音機關)의매임(關係)을말미암아바꾸임이있나니알에벌이적음과같으니라

ㄱ의바꾸임

ㄱ이ㄴㅁㆁ들의우에서는ㆁ으로바꾸이나니이는다른까닭이아니라ㄱ내는본(法)이ㆁ내는본(法)과다른것은다만코소리없을뿐인데이제ㄴㅁㆁ들을잇어(連)내어(發)그코소리를더하매(加)절로ㆁ소리가되기쉽은까닭이니라말에보기를들면

「먹느냐」는「멍느냐」와같고「죽먹고」는「중먹고」와같음

ㆁ은말보기(例)가없음

ㄴ의바꾸임

ㄴ이ㄹ우나또는알에서ㄹ로바꾸이나니보기를들면

「천리(千里)」를「철리」와같이내고「불노(不怒)」를「불로」와같이냄

이말에ㄴ이ㄹ알에서ㄹ로바꾸인다함은코소리가없는까닭이니라

ㄷ의박구임

ㄷ이ㄴㅁㅇ들의우에서ㄴ으로바꾸이나니이는다른까닭이아니라ㄷ내는본이ㄴ내는본과다른것은다만코소리가없을뿐인데이제ㄴㅁㅇ들을잇어내어그코소리를더(加)하매절로ㄴ소리가되기쉽은까닭이니라말에보기를들면

「받(受)느냐」는「반느냐」와같고「곧(處)마다」는「곤마다」와같음

ㅇ은말보기가없음

(ㅌ도이러하나이는ㅎ은섞이이고ㄷ만바꾸이는것이니라)

ㄷㅅㅈ의박구임

ㄷㅅㅈ를어떠하게서로잇든지우에소리는알에소리로바꾸이나니이는ㄷ다음에ㅅㅈ이나ㅅ다음에ㄷㅈ이나ㅈ다음에ㄷㅅ을다제대로내기는어렵은까닭에다만우에소리의힘이알에소리를단단하게하므로알에소리는짝소리가되나니

ㄹ의박구임

라말에보기을들면

「벗(脫)다, 벗(말은아니라)다」소리는다「번(蔓)다」소리와같음

「번소, 벗소」소리는다「벗소」소리와같음

「번지, 벗지」소리는다「벗지」소리와같음

ㄹ이ㄴ(천량(千兩)을천냥으로읽음은량(兩)의音을잘못읽음이니라)ㄹ ㅎ밖에모든닿소리알에서는ㄴ으로바꾸이나니보기를들면

「빅련(白蓮)」을「빅년(百年)」과같이내고 「감로(甘露)」를「감(높낮이는말고)노(敢怒)」와같이내고

「겁려(刼盧)」를「겁녀(怯女)」와같이내고 「강령(綱領)」을「강녕(康寧)」과같이냄

ㄷㅅㅈ은보기가없음

(그러나이는다한문음(漢文音)이요우리말에는ㄹ첫소리를ㄹ밖에다른닿소리알에는쓰는일이없나니라)

ㅁ은제스스로는바꾸임이없나니라

ㅂ의박구임

ㅂ이ㄴㅁㆁ들의우에서ㅁ으로박구이나니이는다른까닭

이아니라ㅂ내는본이ㅁ내는본과다른것이다만코소리가없을뿐인데이제ㄴㅁㅇ들을잇어내어그코소리를더하매절로ㅁ소리가되기쉽은까닭이니라말에보기를들면

「입느냐」(服)는「임느냐」와같고 「밥먹고」(飯)는「밤먹고」와같음

ㅇ은말보기가없음

(ㅍ도이러하나이는ㅎ은섞이고ㅂ만바꾸이는것이니라)

ㅅ과ㅈ이ㅅㅈㅎ밖에모든닿소리우에서ㄷ으로바꾸이나니이는혀끝이나혀앞을센입웅에조곰닿이고숨으로이를갈아내며그다음에이러한닿소리들을잇어내기가어렵은까닭에다만혀끝을센입웅에닿이었다가떼므로ㄷ소리가되(ㅅ다만이근우에서는제소리대로날수도있음)나니라말에보기를들면

「벗고」(脫)「벗(말은아니라)고」소리는다「번고」(蔓)소리와같음

ㄴ우에서박구이는말보기는우에보이니라

ㅅㅈ의박구임

ㄹ우에서바꾸이는말보기는없음

「낫(鎌)마다、낫(晝)마다」소리는다「낟(穀)마다」소리와같음

「낫보다、낫보다」소리는다「낟보다」소리와같음

ㆁ우에서바꾸이는말보기는없음

ㆁ은제스스로는바꾸임이없나니라

ㆅ은섞이는바탕이있는까닭에바꾸이지아니하나니라

(당소리를잇어낼때에우에말함과같이바꾸어내면쉽고제대로내랴면어렵으니라)

바꾸일소리	바꾸이는소리	만나는소리	
ㄱ	ㆁ	ㄴㅁㆁ	우
ㄴ	ㄹ	ㄹ	우、알
ㄷ	ㄴ	ㄴㅁㆁ	우
ㄹ	ㄴ	ㄱㄷㅁㅂㅅㆁㅈ	알

ㅂ	ㅁ	ㄴㅁㆁ	우
ㅅ	ㄷ	ㄱㄴㄷㄹ	우
ㅈ	ㄷ	ㅁㅂㆁ	우

{ㄷㅅㅈ를어떠하게서로잇든지우에소리는알에소리로바꾸이나니라 ㅁㆁㅎ는바꾸이지아니하나니라}

셋재 홀소리의줄임

홀소리를잇어낼때에홀이줄임이있나니이는소리를홋지게하고저함이라우리말에소리줄이는보기를알에벌이어적노라

같은홀소리의줄임

(ㅏ)같은홀소리를잇어낼때에줄임이니이는같은소리를겊어내기가재미없는까닭이니라말에보기를들면

「가아서」를「가서」라하고「서어라」를「서라」라함

이말에「아서」와「어라」는다른말에도다쓰이는토므로「서」와

ㅡ를ㅓ우에서줄임

「라」는줄인소리곳ㅏ가ㅏ를만나매한ㅏ는줄며ㅓ가ㅓ를
만나매한ㅓ는줄것을앎지니라

(ㅓ) ㅡ와ㅓ를잇어낼때에ㅡ를줄임이니이는ㅡ소리내는틀(機關)은좁고ㅓ소리내는틀(機關)은넓으므로절로이렇게되기가쉽은까닭이니라말에보기를들면
「뜨어가고」를「떠가고」라하며「건느어가고」를「건너가고」라함이말에「어」는다른말에도다쓰이는토므로「뜨어」와「건느어」가옳은줄을알며「떠」와「건너」는ㅡ를ㅓ우에서줄이엇다하나니라

넷재 닿소리의힘

닿소리가여럿이서로만날때에는그가온대에어느소리는들어나지못함이있나니알에따로따로말하건데

홀소리의첨에서나는힘

(ㅏ) 홀소리의첨에서나는소리의힘이니홀소리의사이에서

홀소리의사이에서나는힘

날때보다는적게들어나되홀소리의끝에서날때보다는많이
들어나나니라보기를들면
「가,카,까」들의다제대로들어남이홀소리의끝에서날때보
다는많이들어나되「ꥤᅡꥮᅡꥥᅡ」들의소리들을다제대로들어
내지못하고ㄹ소리가아니남은홀소리의사이에서보다
는들어나는힘이적으니라
(ㅓ)홀소리의사이에서나는힘이니이는홀소리의첫끝에서
보다는가장많이들어나는덕이나그러하나오히려여러소리
가만나면그가온대에들어나지못하는소리가있나니보기를
들면
첫소리에다들어나지아니하던「ꥤᅡ,ꥮᅡ,ꥥᅡ」들도이우에홀소
리하나를더하야「알가,알카,알까」라하면다들어나되박의
꽃이란말에「의」토를빼고「박꽃」이라하면그소리가「박꽃」과

다름이없나니이는ㄱ둘만만나도단단할만콤다단단하야지므로ㄱ하나는들어나지아니함이니다른것도다이를밀우어알지니라

홀소리의끝에서나는힘

(ㅗ)홀소리의끝에서나는소리의힘이니이는홀소리의첨에서나는것보다도더들어남이적나니보기를들면첫소리에다제대로들어나던「가,카,까」들도그자리를바꾸어닿소리를끝에다두어「악,앜,앆」이라부르면다제대로들어나지못하고「악」이나「앜」이나「앆」이다한가지니다시말하면ㅎ과ㄱ하나는들어나지아니함이니다른것들도다이를밀우어알지니라

조선말본·소리갈 마침

조선말본·씨갈

일이나몬(物)의서로다름을딸아다따로떠로이르는낱말(個(單)語)을말의씨라하나니라

씨의갈래

씨는한소리로된것도있고여러소리로된것도있으며또홋으로된것도있고모이어된것도있나니이를들면이、그、나、너、범、소、따위는한소리로된것이오여긔、거긔、우리、너이、사람、가마귀、따위는여러소리로된것이며몰、범、따위들은홋으로된것이요얼음、코길이、따위들은모이어된것이니라

씨는그쓰이는결을딸아여러가지갈래로난호나니이제우리말의갈래를임、(名)얻、(形)움、(動)겻、잇、(接續)맺、언、억、(副)늑、(感動)아홉에난호아말하노라

임씨

(몸말)

임(名詞)「이름」이란말에「르」를줄인것 임은모든일이나몬(物)의이름을이르는씨니이는말의밋몸(本體)이되므로몸말(體言)이라하나니라보기(例)를들면

사람 땅 신지(神誌)(사람이름) 한양(漢陽) 맘(心) 뜻 아츰 저녁 나

라 그 저 나 너 하나 둘 것 바 들이니라

얻씨 (씀말)

얻[形容詞](「어떠하」단 말에 「어떠하」를 줄인 것)은 모든 일과 몬[物]의 어떠함을 이르는 씨니이는 임[名詞]씨에 딸리어 쓰이므로 씀[用言]말이라 하나니라 보기[例]를 들면

어질[賢] 착하 무겁 많[多] 날래[勇] 같[似] 둥글 칩 덥

곱 밉 들이니라

움씨 (씀말)

움[動詞](「움즉이」단 말에 「움즉이」를 줄인 것)은 여러가지 움즉[動作]임이나 있음[存在]을 이르는 씨니 이도 임[名詞]씨에 딸리어 쓰이므로 또한 씀[用言]말이라 하나니라 보기를 들면

가[往] 오[來] 자 깨 맞[被打] 잡히 먹 치 따리 시기

먹이 읽히 되 들이니라

(으뜸씨)

(임씨와 얻씨와 움씨는 일이나 몬[物]을 바로[直接] 이르는 으[元]뜸되는 말이므로 이를 으뜸[元]씨[詞]라 하나니라)

겻

겻(겻는 말)는 다 겻은 으뜸씨의 사이에 있어 우의 으뜸씨가 알의 으

뜸씨의 임(主掌)자되게하거나 또는 붙(附屬)음이 되게하는 씨(詞)니 보(例)기를 들면

동모야。오너라 뫼가。높고나 빠른것이。해달이라

봄의。꽃 붉은。꽃 웃는。꽃

날빛보다。밝고나

서울에。간다 날래게。간다 뛰어。간다

이말에「야、가、이」들은「동모、뫼、빠른것」들을「오、높、해달」들의 임자되게하는 씨요 「의、은、는」들은「봄、붉、웃」들을 임씨「꽃」의 붙음이 되게하는 씨요 「보다」는 임(名詞)씨 날빛을 언씨(形容詞)「밝」의 붙음이 되게 하는 씨요 「에、게、어」들은「서울、날래、뛰」들을 움씨「가」의 붙음이 되게 하는 씨(詞)니라

잇(接續詞)는다(잇는말) 잇은 같(同)은 갈(種類)래의 으뜸(元詞)씨나 또는 월(文)(말짜)인의 마(節)디를 같(同)은 값(等)으로 잇(接續)는 씨니 보(例)기를 들면

소와。말을기른다　말과。소리를기른다
말하면。서웃는다　웃으면。서말한다
달은밝고。기럭이는울도다
이말에「와」「과」「면서」「으면서」「고」들이잇씨니「와」「과」들은임씨(名詞)「소」와「말」을같은값(同等)으로잇는것인데「와」는홀소리(母音)알에쓰고「과」는닿소리(子音)알에쓰며　「면서」「으면서」들은움씨(動詞)「말하」와「웃」을같은값(同等)으로잇는씨(詞)니「면서」는홀소리(母音)알에쓰고「으면서」는닿소리(子音)알에쓰며「고」는월(文)의마디(節)「달은밝」과「기럭이는울도다」를같은값(同等)으로잇는씨(詞)니라

맺씨

맺는말(終止吐) 맺는다　맺은한말을끝(終末)맺는씨니보기(例)를들면
발서봄이로。다
날세가따뜻하옵나。이다
꽃이곱게피더。냐

이말에「이로다,옵나이다,더냐」들이 맺씨(終止吐)니「이로다」는 홀로하는 말에 몸씨(體言)알에 끝맺는씨요「옵나이다」는 남에게이르는말에 쓸씨(用言)알에 끝맺는씨요「더냐」는 뭇는말에 쓸씨알에 끝맺는씨니라

(토씨)

(겻씨와잇씨와낫씨는 일이나 몬(物)을 바로(直接)이르지아니하고 다만 으뜸씨의사이의 매임(關係)를 맺는말이므로 토(吐)씨라하나니라)

언씨

언(前置形容、冠詞)「어떠한」이란말에 떠하를줄인것 언은 몸씨를 가르치어(指定) 그리는씨(形容詞)니 보기(例)를 들면

요 고 조 한 두 여러 모든 새 외 올 돌 어느 무슨 웬 들이니라

억씨

억(副詞)「어떠하게」란말에「떠하와게」를줄인것 억은 쓸씨(用言)나 억(副詞)을 꾸미어 금하는씨니 보기(例)를 들면

이리 저리 그리 늘 곳 각금 어찌 못 아니

늑씨

제임

암 아마 잘 가장 출렁 얼룩 들이니라

늑(感動詞)「늑기」다는말에 기를줄인것 늑은여러가지늑김을낱(表)아(하)내는씨곳늑기는소리니보기를들면

허허 하하 아이구 헤헤 여보 구구 녜 오냐

암 글세 후유 에그 들이니라

(언씨와억씨와늑씨는몸은비록난호아풀수없으나뜻은으뜸씨와토씨의어울린것이라고풀수있으므로이를모임씨라하나니라)

● 첫재 임

첫재 임의갈래

임의갈래를제임과넛임(代名詞)두가지에난호아알에따로따로말하노라

ㅏ、제임 제임은모든일이나몬(物)을바로(直接)이름하는임씨(名詞)니그

홀로임
두로임
꼴있는임
꼴없는임

갈래를홀로임(固有名詞)、두로임(普通名詞)、꼴있는임(有形名詞)、꼴없는임(無形名詞)네가지에난호아말하노라

ㄱ、홀로임(固有名詞) 홀로임은어느한가지일에나몬(物)에만오로지(專)쓰(用)는임(名詞)씨니보기(例)를들면

신지(伸誌)(사람이름) 한양(漢陽)(땅이름) 막니지(莫離支)(벼슬이름) 말의소리(책이름) 한가온(八月十五)날(日)(날이름) 고뿔(感氣)(병이름) 들이니라

ㄴ、두로임(普通名詞) 두로임은같은결(種類)에의일이나몬(物)에다두로쓰이는임(名詞)씨니보기(例)를들면

사람 땅 벼슬 책 날 병 들이니라

ㄷ、꼴있는임(有形名詞) 꼴있는임은일이나몬(物)의꼴(形狀)의어떠(如何)함을이름하는임(名詞)씨니보기(例)를들면

쇠 나무 비 바람 글씨 그림 들이니라

ㄹ、꼴없는임(無形名詞) 꼴없는임은일이나몬(物)의꼴(無形)없는모든것을

이름하는임씨(名詞)너보기(例)를들면

하늘 님 맘 뜻 슬기 아츰 지녁 웃음 노래

가멸 가난 들이니라

(홀로임과두로임에다끌있는임과끌없는임이있나니이를터면,산,지,한양들은홀로임에끌있는임이요막니지고뿔들은홀로임에끌없는임이며사람,땅들은두로임에끌있는임이요벼슬,병들은두로임에끌없는임이니다른것도다이를밀우어볼지니라)

넛임

ㅓ,넛임(代名詞) 넛임은말을줄(簡單)이어쓰랴고제임(名詞)의넋(代)에쓰는임씨니그갈래는사람넛임(人代名詞),셈넛임(數代名詞),가르침넛임(指示代名詞),매임넛임(關係代名詞),물음넛임(問代名詞)다섯가지가있나니라

사람넛임

ㄱ,사람넛임(人代名詞) 사람넛임은사람에게쓰는넛임(뜻을옴기어쓸때도있음)이니보기(例)를들면

셈넛임 가르침넛임 매임넛임 물음넛임

나 너 제 우리 너이 저이 들이니라

ㄴ, 셈넛임(數代名詞) 셈넛임은 무엇을 헤아름에 쓰는 넛임(代名詞)이니 보기(例)를 들면

하나 둘 셋 온(百) 즘(千) 골(萬) 잘(十萬) 들이니라

ㄷ, 가르침넛임(指示代名詞) 가르침넛임은 무엇을 가르치는 대에 쓰는 넛임이니 보기(例)를 들면

이 그 저 여긔 거긔 들이니라

ㄹ, 매임넛임(關係代名詞) 매임넛임은 제홀로만은 쓰이지 못하고 반듯이 어느 말(곳 언)알에 붙어 쓰이는 넛임이니 보기(例)를 들면

이(사람에 씀) 것(일이나 몬에 씀) 바(일에 씀) 들이니라

ㅁ, 물음넛임(問代名詞) 물음넛임은 잘 알지 못함을 물음에 쓰는 넛임(代名詞)이니 보기(例)를 들면

누구(사람에 씀) 무엇(일이나 몬에 씀) 얼마(셈에 씀) 어대(곧에 씀) 들이니라

둘재 임의결(類)에

임의결에는 수갈(陽性), 암갈(陰性), 가온갈(中性), 두갈(兩性), 들네결에가있나니라

수갈결에

ㅏ, 수갈결(陽性類)에 수갈결에는 수(陽)의갈(性)을둔(有)것을이름하는임씨들이니보기를들면

사내(男) 쟁끼 수꿩 수은행(銀杏)나무 들이니라

암갈결에

ㅓ, 암갈결(陰性類)에 암갈결에는 암(陰)의갈(性)을둔(有)것을이름하는임씨(名詞)들이니보기(例)를들면

계집(女) 까토리 암꿩 암은행(銀杏)나무 들이니라

우에말한보기들가온대에은행나무는딴이름이아니라그우에다만암, 수를더하여쓰는것이니라

가온갈결에

ㅗ, 가(中)온갈(性)결(類)에 가온갈결에는암(陰)과수(陽)의갈이없는모든것을이름하는임(名)씨(詞)니보기(例)를들면

쇠 돌 물 불 들이니라

두갈결에

丁、두갈결(兩性類)에 두갈결에는암(陰)과수(陽)두가지갈(性)에다트(通)어쓰(用)는
임(名)씨(詞)나보(例)기를들면
사람 평 은행나무 들이니라
(갈은임씨에도그크고작음을딸아서달리부름이있나니이
를터면덜렁쇠、달랑쇠따위니라)

셋재 임의쓰임

임의쓰임은임(主語)자、풀(說明語)이、딸(從屬語)림、매(關係語)임네가지가있나니이를알에
따로따로말하노라

임자

ㅏ、임자 임(主語)자는어느월(文)의임(主)자되는말이니보(例)기를들면
꽃。이옷고
재。가울다
이말에「꽃」과「재」따위들이니꽃「이」와「가」토를더하여「옷」과「울」의임
자가되니라

풀이

ㅓ、풀이(說明語) 풀이는어느월(文)의임자말을풀이하는말이니보기(例)를들면

웃는것은꽃。이요

울는것은새。로다

이말에「꽃」과「새」따위들이니곳「이 요」와「로 다」토를더하여「웃는것」과「울는것」의풀이가되니라

딸림

ㅗ、딸림(從屬語) 딸림은어느임씨(名詞)우에있어이에딸리어쓰이는말이니보기를들면

꽃。의웃음

새。의울음

이말에「꽃」과「새」따위들이니곳「의」토를더하여「웃음」과「울음」의딸림이되니라

매임

ㅜ、매임(關係語) 매임은어느움씨(動詞)나엇씨(形容詞)우에있어이에매이어쓰

이는말이니보기(例)를들면

꽃。보다곱다

새。를잡앗다

꽃。으로갓을꾸미다

새。에게편지를붙이다

이말에「꽃」과「새」따위들이니「보다」「으로」와「를」「에게」토를더하여「곱」「꾸미」와「잡앗」「붙이」들의매임이되니라

같(同一名詞)은임씨로이네가지에쓰임은그토의서로다름을말미암음이나라

(임씨에본(法)이없이쓰이는것도있으니이를더면「꽃(花)」에「이」토를달면ㅊ소리가나고「에」토를달면ㄷ소리가나며또「잎(葉)」에「이」토를달면ㅍ소리가나고「도」토를달면ㅂ소리가나는따위니라

그러나이는다「꽃」과「잎」으로본을삼음이좋으니라)

넷재 임의바꿈(變化)

임은그쓰이는바를딸아뜻이나또는몸의바꾸임이있나니제몸은바꾸이지아니하고다만뜻만바꿈임을뜻바꿈이라하고언이나움으로바꾸임을몸바꿈이라하나니라

뜻바꿈의보기(例)를들면,

풀이(說明)	밑말(本詞)	뜻바꾸인말(變化語)	덜음(減)	더함(加)
그대로바꾸임	눈(目)	눈	○	○
그대로바꾸임	귀(耳)	귀	○	○
더하여바 우	돌(石)	순돌	○	순
더하여바 에	옷(衣)	한옷	○	한
더하여바 알	스승(師)	스승님	○	님

꾸임에	사람(人)	사람들	○	들
꾸임에	짐승(獸)	짐승뿐	○	뿐
덜고 더하여 바꾸임	손(手)	솜씨	ㄴ	ㅁ씨
덜고 더하여 바꾸임	옆(側)	엽댕이	ㅎ	댕이

이말에눈과귀는그대로뜻이바꾸일때가있으니이를더면그물눈이라는눈과자리귀라는귀는그대로뜻바꾸인것이요 숟돌할옷들과스승님,사람들,짐승뿐,들은숟,할,님,들,뿐,따위의소리를더하여뜻바꾸인것이요 솜씨,엽댕이,들은ㄴ과ㅎ들을덜고ㅁ씨,댕이들을더하여뜻바꾸인것이니라

다만「님」과「들」과「뿐」은결(理)이있게쓰이나니라

ㅓ,얻씨로바꾸이는보기를들면

임씨의몸바꿈(움)

풀이(說明)	그대로바꿈	더하여바꿈			
밑말	가(旱)믈	슬(智)기	들(野)	거방	내(烟)
언씨로바꾸인말	가믈	슬기롭	들스럽	건방지	냅
더함	○	롭	스럽	지	ㅂ

이말에가믈은그대로언으로바꾸인것이요 슬기롭, 들스럽 건방지, 냅들은롭, 스럽, 지, ㅂ들의소리를더하여언으로바꾸인 것이니라

ㄴ, 움씨로바꾸이는보기(例)를들면

풀이	밋말	움으로바꾸인말	더함
그대로바꾸임	생(思)각(想)	생각	○(或하)
더하여바꾸임	말미(由)	말미암	암
	빛(光)	빛(照)외	외

이말에생각은그대로움으로바꾸인것이요 말미암,빛외들은암,외들의소리를더하여움으로바꾸인것이니라

다섯재 임(名詞)의어(結)우름(合)

임이제몸이나또는씀씨와어(結)우(合)르어따로되는일이있으니 보기를들면

풀(說)이(明)	밋(本)말(語)	어(結)우(合)른말(語)	더(加)하거나덜(減)음
그대로어우름	솜(綿)옷(衣)	솜(綿)옷(衣)	○

가락(指)	찌(穿)(씨움)	가락찌(指褁)	○	
우(上)	옷(衣)	운옷(上衣)	ㄷ	더하고어우름
불(火)	손(手)	부손(火匙)	ㄹ	덜고어우름
물(水)	넘기(溢)(씨움)	무넘기	ㄹ	
여섯(六)	닐곱(七)	여닐곱(六七)	ㅅ	

이말에솜,옷,칼집,들은제몸끼리그대로어우르어(結合)따로된것이요가락찌는움씨「찌」와어울어따로된것이요,운옷은「우」와「옷」사이에ㄷ소리를더하여어우르어따로된것이요,부손,무넘기,여닐곱들은사이에「ㄹ」과「섯」들의소리를빼고어울어된것이니라

여섯재 임의보기(一覽表)틀

임씨에따른모든것을보기쉽게하랴고알에보기(一覽表)틀을만들

어보이노라

- 갈래
  - 제임
    - 홀로임(固有名詞): 어느한가지일에나몬(物)에만오로지(專)쓰(用)이는임
    - 두로임(普通名詞): 같은(同種類)결에의일에나몬(物)에다두로쓰이는임
    - 끌있는임(有形名詞): 일이나몬(物)의끌(形狀)을이름하는임
    - 끌없는임(無形名詞): 일이나몬(物)의끌(形狀)없는모든것을이름하는임
  - 넛임
    - 사람넛임(人代名詞): 사람에게쓰는넛임
    - 셈넛임(數代名詞): 셈(數)에쓰는넛임
    - 가리침넛임(指示代名詞): 무엇을가리침에쓰는넛임
    - 매임넛임: 언알에붙어서만쓰이는넛임
    - 물음넛임(問代名詞): 알지못하는것을이름하는넛임

임(名詞)

- 결에(類)
  - 수갈결에(陽性類) 수(陽)의 갈(性)을 둔(有) 것을 이름하는 임
  - 암갈결에(陰性類) 암(陰)의 갈(性)을 둔(有) 것을 이름하는 임
  - 가온갈결에(中性類) 수(陽)와 암(陰)의 갈(性)이 없는 모든 것을 이름하는 임
  - 두갈결에(兩性類) 수(陽)와 암(陰) 두가지 갈(性)에 다트어(通) 쓰(用)는 임
- 쓰임(用)
  - 임자(主語) 어느 월(文)의 임자(主語) 되는 것
  - 풀이(說明語) 어느 월(文)의 풀이(說明語) 되는 것
  - 딸림(從屬語) 임(名詞)씨 우에 있어 이에 딸리어 쓰이는 말
  - 매임(關係語) 움(動詞)씨나 읻(形容詞)씨 우에 있어 이에 매이어 쓰이는 말
- 바꿈
  - 뜻바꿈 눈 숟돌(砥) 사람들 솜씨(手段)
  - 얻으로 바꾸임(形容詞) 가믈(旱) 슬기롬(智)
  - 움으로 바꾸임(動詞) 생각 빛(照)의
- 어우름(結合)
  - 솜옷(綿衣) 가락찌 웃옷(上衣) 부손(火匙)

(익힘)알에벌이어적은여러말가온대에임씨의갈래와결에와쓰임과바꿈과어우름을찾으라

ㅏ, 갈래를찾을것

여을(사람이름)은조선말본을다읽엇다

스승님이글을가르친다

얼음이녹아서물이되는도다

얼(精神)을차리고힘을다하여배호라

우리아홉가온대에다섯은모이고넷은헤어지엇다

그가질기는바는무엇이오니까

ㅓ, 결에를찾을것

아버지와어머니를어버이라하고오랍이와누이사이를오누라하나니라

구리는붉고주석은누르오

ㅗ、쓰임을찾을것

봄이오니날세가따뜻하오

뛰면범이지

범의굴에들어가지아니하면그색기를잡지못하나니라

ㅜ、바꿈을찾을것

뼉다귀흙이되어넋이라도있고없고

그사람은일에솜씨가있다

옳은사람의이름은길이꽃답으리라

날빛은고로빛외나니라

ㅡ、어우름을찾을것

칼집은칼꽂는두겁이요돌집은돌로짓은집이니라

모래묻이는물고기이름이오

다섯이나여섯쯤되는셈을대여섯이라하오

● 둘재 언(形容詞)

첫재 언의갈래(形容詞種類)

언의갈래를 갈(性質)언、꼴(形狀)언、때(時間)언、셈(數量)언、가리침(指)언、물음(問)언、여섯가지에난호아말하노라

갈언

ㅏ、갈(性質)언 갈언은 일이나 몬(物)의 갈(性質)어떠(如何)함을 낱(表)아내는 언(形容詞)씨니 보(例)기를들면

어질 착하 무겁 무르 들이니라

꼴언

ㅓ、꼴(形狀)언 꼴언은 일이나 몬(物)의 꼴(形狀)어떠(如何)함을 낱(表)아내는 언(形容詞)씨니 보기를들면

날래 재 둥글 들이니라

때언

ㅗ、때(時間)언 때언은 다만 때의 어떠함을 낱(表)아내는 언(形容詞)씨니 보기를들면

이르 늦 오래 들이니라

셈얻

丅、셈얻(數量) 셈얻은셈(數量)의어떠(如何)함을낱아(表)내는얻씨(形容詞)니보기를들면

많 적 흔하 들이니라

가리침얻

一、가리침얻 가리침얻은갈、꼴、때、셈(性質·形狀·時間·數量)들의어떠(如何)함을가리치는얻씨니보기를들면

이러하 저러하 그러하 들이니라

물음얻

ㅣ、물음얻(問) 물음얻은알지못함을물음에쓰는얻씨(形容詞)니보기(例)를들면

어떠하 따위니라

날래기가범과같다하면이「같」은범이없으면말이아니되나니라이러하므로「같」따위들을절얻이라하나니라

(같은얻씨에도그크고작음을딸아서달리부름이있으니이를터면길죽하、걀죽하、따위니라)

둘재 얻의쓰임 (形容詞用)

얻의쓰임은풀이(說明語)、딸림(從屬語)、매임(關係語)세가지가있나니이를알에따로따로말하노라

풀이

ㅏ、풀이(說明語)로쓰이는보기를들면

뜻이크。다

힘이적。다

이말에「크」와「적」이풀이니곳「다」토를더하여「뜻」과「힘」의풀이가되나니라

딸림

ㅓ、딸림(從屬語)으로쓰이는보기를들면

큰。뜻이있도다

적。은힘을믿으랴

이말에「크」와「적」이딸림이니곳「ㄴ」과「은」토를더하여「뜻」과「힘」의딸림이되나니라

매임

ㄴ, 매임(關係語)으로쓰이는보기를들면
뜻을크。게가지어라
힘이적。이있으면
이말에「크」와「적」이매임이니곳「게」와「이」토를더하여「가지」와「있」의
매임이되니라
같은(同一)얻씨로이세가지에쓰임은그토가서로다른까닭이요
또임씨로바꾸이면토를달아임자로도쓰이나니라
(얻씨에본(法)이없이쓰이는것도있으니이를터며「길」(長)에「고」토를
달면ㄹ소리가나고「니」토를달면ㄹ소리가아니나며또「칩」(寒)에
「고」토를달면ㅂ소리가나고「어서」토를달면ㅜ소리가、나는따
위니라그러나「길」과「칩」으로본(法)을삼음이좋으니라)

셋재 얻의바꿈(形容詞變化)

얻도그쓰이는바를딸아뜻이나또는몸의바꾸임이있나니

얻씨의뜻바꿈

뜻바꿈은제몸은바꾸이지아니하고다만뜻만바꾸이는것이요몸바꿈은임씨나움씨로바꾸이는것이니라

ㅏ、뜻바꿈의보기를들면

풀이(說明)		밋말(本語)	뜻바꾸인말(變化語)	덜음(減)	더함(加)
그대로바꾸임		검(黑)	검	○	○
그대로바꾸임		맵	맵	○	○
더하여바꾸임	우에	밝(眞) 왕(紅)	샙밝왕	○	샙
더하여바꾸임	우에	검(眞) 엉(黑)	싱검엉	○	싱
더하여바꾸임	알에	낮(低)	낮브	○	브
더하여바꾸임	알에	길(長)	길죽하	○	죽하
덜고		설(未熟)	서투르	근	투르

더하여바꾸임			
짜르(短)	짤막하	一	막하
깊(深)	깁다랗	ㅎ	다랗

이말에검과맵은그대로뜻이바꾸일때가있으니이를터면맘이검다는검과시집살이맵다는맵은그대로뜻바꾸인것이며샙밝앟, 싱검엉, 낮브, 길죽하들은샙싱, 브, 죽하들의소리를더하여뜻바꾸인것이며 서투르짤막하, 깁다랗들은ㄹ, 一, ㅎ소리들을덜고투르, 막하, 다랗들의소리를더하여뜻바꾸인것이니라

얻씨의몸바굼(임)

ㄱ, 임씨로바꾸이는보기를들면

풀(說)이(明)	밋(本)말(語)	임씨로바꾸인말(變化語)	덜(減)음	더(加)함
그대로바꾸임	가(旱)믈	가믈	○	○
더	길(長)	길억지	○	억지

하여바꾸임			
검(黑)	검(炭)엉	○	엉
늙(老)	늙억다리	○	억다리
히(白)	히기	○	기
붉(紅)	붉음	○	음

덜고더하여바꾸임			
무(重)겁	무(重)게(數)	겁	게
부프	부(積)피	ㅜ	ㅣ
파(靑)랑	파란	ㅎ	ㄴ

이말에가믈은그때로임으로바꾸인것이며 길억지,검엉,늙억다리,히기,붉음,들은억지,엉,억다리,기,음들의소리를더하여임으로바꾸인것이며 무게,부피,파란들은겁,ㅜ,ㅎ들의소리를덜고게,ㅣ,ㄴ들의소리를더하여임으로바꾸인것이니라

언씨의몸바꿈(움)

(다만기와음은결이있게쓰이나니라)

ㄴ、움씨로바꾸이는보기를들면

풀이(說明)	밋말(本語)	움씨로바꾸인말	덜음(減)	더함(加)
그래로바꾸임	크	크	○	○
	돋	돋	○	○
더하여바꾸임	길	길우	○	우
	맞	맞후	○	후
	기울	기울이	○	이
	늦	늦어지	○	어지
덜고더하	크	키우	ㅡ	ㅣ우

여바꾸임	고르	고루	一	ㅜ

이말에크와돈은그대로움으로바꾸인것이며 길우, 맞후, 기울이, 늦어지들은우, 후, 이, 어지들의소리를더하여움으로바꾸인것이며 키우, 고루들은 一, 소리를덜고 ㅣ우, ㅜ들의소리를더하여움으로바꾸인것이니라

(다만어지는결이있게쓰이나니라)

넷재 얻의어우름(結合)

얻이제몸이나또는다른갈래의말과어우르어따로되는일이있으니보기를들면

풀이(說明)	얻씨끼리어우	
밑말(本語)	검(黑) 붉(紅)	굳(固) 세(强)
어우른말(結合語)	검붉	굳세

름	임씨와 어우름		움씨와 어우름		
재	늦(晩)	넙(廣)	낮(低)	설(未熟)	무르
빠르	벼(稻)	치(魚)	보(見)	삼	녹(消)
재바르(ㅂ올빼ㅁ)	늦벼	넙치	낮보	설삼	무르녹

이말에겸붉、굳세들은제몸끼리그대로어우르어따로된것이며 재바르는ㅂ소리를빼고어우르어따로된것이며 늦벼、넙치들은그대로임과어우르어따로된것이며 낮보、설삼무르녹들은그대로움과어우르어따로된것이니라

다섯재 形容詞一覽表 얻의보기들

얻(形容詞)

- 갈래(種類)
  - 갈(性質)얻 — 임이나 몬(物)의 갈(性質)어떠(如何)함을 낱(表)아내는 얻
  - 끌(形狀)얻 — 임이나 몬(物)의 끌(形狀)어떠함을 낱(表)아내는 얻
  - 때(時間)얻 — 때(時間)의 어떠(如何)함을 낱(表)아내는 얻
  - 셈(數量)얻 — 셈(數量)의 어떠(如何)함을 낱(表)아내는 얻
  - 가리침얻(指) — 갈, 끌, 때, 셈(性質·形狀·時間·數量)들의 어떠(如何)함을 가리치는 얻
  - 물음얻(問) — 알지 못함을 물음에 쓰는 얻
- 쓰임(用)
  - 풀이(說明語) — 월(文)의 풀이(說明語)되는 것
  - 딸림(從屬語) — 월(文)의 딸림(從屬語)되는 것
  - 매임(關係) — 월(文)의 매임(關係語)되는 것
- 바꿈(變化)
  - 뜻바꿈 — 검 샛밝왕 서투르
  - 임(名詞)으로 바꾸임 — 가물 길억지 히기 무게
  - 움(動詞)으로 바꾸임 — 크 길우 늦어지 고루
- 어우름(結合) — 검붉 재바르 늦벼 낮보

(익힘)알에벌이어적은여러말가온대에얻씨의갈래와쓰임과바꿈과어우름을찾으라

ㅏ、갈래를찾을것

그사람이힘은단단하나하는짓이가볍고맘이모질더이다

구슬은둥글므로굴어가기가빠르니라

어제밤에늦게자앗더니오늘아츰에일즉일어나지못하엿도다

일은많은데하는사람은젹구나

功 살을이루는사람의애씀이저러하도다

되든지말든지한번하여보는것이어떠하뇨

ㅓ、쓰임을찾을것

일이옳고이름이바르다

착한사람이크게되리라

곰은사람이흉이어리석어보이나니라

ㅗ、바꿈을찾을것

처음돋는해빛은붉으리하니라

눈빛갈이하얗다

살빛이검은사람을검둥이라하오

알엣두리벗은어린아이를밝아숭이라하오

일을늦후지말아라

빗둘어진것을바루어라

ㅜ、어우름을찾을것

닭의알이길둥글다

저밭에는늦보리를심엇다

일심어늦먹는다

● 셋재 움

첫재 움의갈래(動詞種類)

움의갈래를 제움(自動) 남움(他動) 두가지에난호아말하노라

제움

ㅏ, 제움(自動) 제움은움즉임을받을것(곳임씨)과어우르지아니하여도말되는움씨니이를면「웃(笑)、맞(被打)」다위들이니그갈래는홀로(無對)제움(自動) 더불제움(有對自動) 두가지가잇나니라

홀로제움

ㄱ, 홀로제움(無對自動) 홀로제움은움즉임을받을것과움즉임이미칠것이다없어도말되는움씨니보기를들면

아기가웃○다

꽃이피○다

이말에웃과피가홀로제움이니다른임씨(名詞)와어우르지아니하여도말되나니라

더불제움

ㄴ, 더불제움(有對自動) 더불제움은움즉임이다른것(곳임씨(名詞))에미

치는움씨니보기를들면

옷이못에걸리다(掛)

아기가어른에게맞다○(被打)

이말에「걸리」(揖)와「맞」이더불제움이니임씨「못」과「어른」이없으면 옷이어대걸리며아기가누구에게맞은줄을알수없나니라

아기가집에서옷다꽃이가지에서피다하는말도있으나이말에는집과 가지가없어도다말이되나니라

남움

ㅓ、남움(他勤) 남움은움즉임을받을것(곳임씨)과어우르어야말 되는움씨(動詞)니이를터면「먹」(食)「주」(賜)따위들이니라그갈래는홋짝남움(單對他動) 겹짝남움(複對他動)두가지가있나니라

홋짝남움

ㄱ、홋짝남움(單對他動) 홋짝남움은움즉임을받을것(곳임씨)만있어도말되는움씨니보기를들면(例)

밥을먹다○

겹짝남움

옷을입○다

이말에먹과입이홋짝남움이니움즉임을받을임씨곳「밥,옷」만있고힘이미칠다른임씨는없어도말되나니라

ㄴ, 겹짝남움(複對他動) 겹짝남움은움즉임을받을것(곳임씨)밖에또움즉임이미칠것(곳임씨)이있어야말되는움씨니보기를들면

칼을그대에게주○고
벗을피셔울에보○내다

이말에주와보내가겹짝남움이니이말에그대와피양이없으면칼을누구에게주며벗을어대로보내는줄을알수가없나니라

남움의움즉임을받는임씨알에는「을」토나「를」토를두나니라

또제움에는제로움(能動)과입음움(被動)이있으니「옷,피」들은제로제움(能自動)

풀이

이요「잡히、깨이」들은입음제움(被自動)이니라또남움(他動)에는바로움(直接動)과 건느움(間接動)이있으니「먹、입」들은바로남움이요「먹이、시기」들은건느남움이니라

물이얼음이된다하면이「되」는얼음이없으면말이아니되나니라이러하므로「되」따위를절움(不完全動)이라하나니라

(같은움씨에도그크고작음을딸아서달리부름이있나니이를터면미치、매치、따위니라)

둘재 움의쓰임

움의쓰임도풀이(說明語)、딸림(從屬語)、매임(關係語)、세가지가있나니이를알에따로 따로말하노라

ㅏ、풀이로쓰이는보기를들면

아기가웃는다

옷이못에걸리었다

저애가밥을먹。는다

내가칼을그대에게주。리라

이말에웃、걸리、먹、주들이풀이니곳임자「아 가、옷、저애、내」들의풀이니라

딸림

ㄱ、딸림(從屬語)으로쓰이는보기를들면

웃。는아기

못에걸。린옷

먹。을밥

그대에게준。칼

이말에웃、걸리、먹、주들이딸림이니곳「는、ㄴ、을、ㄴ」들의토를더하여「아기、옷、밥、칼」들의딸림이되니라

매임

ㄴ、매임(關係語)으로쓰이는보기를들면

아기를웃。게하라

옷이걸○리도록하라
밥을먹○어야좋겟다
칼을그대에게주○어본다

이말에옷,걸리,먹,주들이매임이니곳「게,도록,어야,어」들의토를더하여「하,좋겟,보」들의매임이되니라

갈은(同一)움씨로이세가지에쓰임은그토가서로다른까닭이요또임씨로바꾸이면토를달아임자로도쓰이나니라

(움씨에본(法)이없이쓰이는것도있으니이를터면「짓(作)」에「고」토를달면ㅅ소리가나고「으면」토를달면ㅅ소리가아니나며또「오르(上)」에「고」토를달면一소리가나고「아서」토를달면一소리는아니나고ㄹ소리를더하여「올라서」가되는따위니라그러나「짓」과「오르」로본을삼는것이좋으니라)

셋재 움의바꿈

움씨의뜻바꿈

움도그쓰이는바를딸아뜻이나또는몸의바꾸이는일이있나니뜻바꿈은제몸은바꾸이지아니하고다만뜻만바꾸이는것이요몸바꿈은임씨나언씨로바꾸이는것이니라

卜、뜻바꿈의보기를들면

풀이(說明)			밋말(本語)	뜻바꾸인말(變化語)	덜음(減)	더함(加)
그대로바꾸임			먹(食)	먹	○	○
더	우에		끌(引)	이(引)끌(導)	○	이
더	우에		잡(執)	붙잡	○	붙
하	제움의뜻바꾸임		날(飛)	날치(揚)	○	치
하	제움의뜻바꾸임		깨(覺)	깨이	○	이
하	제움이		웃(笑)	웃기	○	기

여바꿈임

알에

남움으로바꾸임	울鳴	울리	○	리
남움이제움으로바꾸임	잡執	잡히	○	히
	흔搖들	흔들거리	○	거리
남움의뜻바꾸임	걷捲	걷收우	○	우
	놓放	놓지	○	지
움씨의자리를높임	보見	보시	○	시
	잡執	으시	○	으시
움씨의때를말함	보見	보앗	○	앗
	보見	보앗섯	○	아섯
	보見	보겟	○	겟

덜고더하여바꾸임			
젓(濕)	적시	ㅈ	ㄱ시
오(上)르	올리	ㅡ	리

이말에먹은그대로뜻바꾸일때가있으니이를더면맘을먹엇다는먹은그대로뜻이바꾸인것이요 이끝붗갑들은이,붗들의소리를더하여뜻바꾸인것이요날치,깨이,옷기,울리,잡히,흔들거리,걷우,놓지들은,치,이,기,리,히,거리,우,지들의소리를더하여제움이제움,제움이남움,남움이제움,남움이남움으로바꾸인것이요 보시,잡으시들은시,으시들의소리를더하여움의자리를높임인데시는홀소리알에쓰고으시는닿소리알에쓰며,보앗,보앗섯,보겟들은앗,아섯,겟들의소리를더하여움의때를말함인데앗은지남(過去)을말함이요앗섯은지남의다됨을말함이요겟(未來)은못옴을말함이라그러한데앗,앗섯은ㅏ,ㅗ들의홀소

리알에쓰고ㅓ,ㅜ,ㅡ,ㅣ,ㅐ,ㅔ,들의홑소리알에는엇,어섯이쓰이는것이요 적시,올리들은ㅈ,ㅡ들의소리를덜고ㄱ시,리들의소리를더하여뜻바꾸인것이니라

(다만시,으시,앗,앗섯,엇,엇섯,겟,들은결이있게쓰이며어느때에는임씨나얻씨알에도쓰이나니라)

ㅓ,임씨로바꾸이는보기를들면

풀이(說明)	밑말(本語)	임씨로바꾸인말(變化語)	덜음(減)	더함(加)
그대로바꾸임	돌	돌	○	○
	신	신	○	○
더하여	남	남아지	○	아지
	열	열매	○	매

바꾸임		덜고더하여바꾸임	
먹	보	가르	쉬
먹기	봄	갈래	숨
○	○	ㅡ	ㅣ
기	ㅁ	래	ㅁ

이말에돌, 신, 들은그대로임씨로바꾸인것이니이를터면돌이돌고신을신고따위며 남아지, 열매, 먹기, 봄들은, 아지, 매, 기, ㅁ들의소리를더하여임씨로바꾸인것이요 갈래, 숨, 들은 ㅡ, ㅣ들의소리를덜고, 래, ㅁ들의소리를더하여임씨로바꾸인것이니라

(다만기와ㅁ은결理이있게쓰이나니라)

움씨의몸바꿈(언)

ㄴ, 언形容씨로바꾸이는보기를들면

풀이(說明)	그대로바꾸임	더하여바꾸임		덜고더하여바꾸임
밑말(本語)	번	놀(驚)라	믿(信)	즐(樂)기
언씨로바꾸인말(變化語)	번	놀 랍	믿 브	즐 겁
덜(減)음	○	○	○	ㅣ
더(加)함	○	ㅂ	브	ㅂ

이말에번은그대로언씨로바꾸인것이니이를더면덧니가매우번다는번은그대로언으로바꾸인것이요 놀랍,믿브,들은ㅂ,브들의소리를더하여언(形容詞)으로바꾸인것이요즐겁은ㅣ소리를덜고겁을더하여언(形容詞)씨로바꾸인것이니라

넷재 움(動詞)의어우름(結合)

움(動詞)이제몸이나또는임(名詞)씨나언(形容詞)씨와어(結)우(合)르어따로되는일이

있으니보기(例)를들면

풀이(說明)		밑말(本語)		어우른말(結合語)
움씨끼리어우름	그대로어우름	빼	닫(閉)	빼닫
		지	새	지새
	덜고어우름	열(開)	닫(閉)	여닫(ㄹ을빼)
		들(入)	새	드새(ㄹ을빼)
임씨와어우름		메(擔)	끈(索)	메끈
		묵(陳)	밭(田)	묵밭

이말에빼닫, 지새, 들은제몸끼리그대로어우르어때로된것이요여닫, 드새들은ㄹ소리를빼고어우르어때로된것이요 메

끗、묵밭들은그대로임씨(名詞)와어우르어따로된것이니라

다섯재 움(動詞)의보기들(一覽表)

언(形容詞)

- 갈래(種類)
  - 제움(自動)
    - 홀로(無對)제움(自動) 웃(笑) 피(發)
    - 더불(有對)제움(自動) 걸(掛)리 맞(被打)
  - 남움(他動)
    - 홋짝(單對)남움(他動) 먹(食) 입(服)
    - 겹짝(複對)남움(他動) 주(賜) 보(送)내
- 쓰임(用)
  - 풀이(說明語) 월(文)의풀이(說明語)되는것
  - 딸림(從屬語) 월(文)의딸림(從屬語)림되는것
  - 매임(關係語) 월(文)의매임(關係語)되는것
- 바꿈(變化)
  - 뜻바꿈 먹(食)이끌(引導) 날(揚)치 웃(笑)기 잡(被執)히 걷(收)우 적(沈)시
  - 임씨(名詞)로바꿈 돌(回) 남아지 갈(泒)래
  - 언씨(形容詞)로바꿈 번 놀(驚)랍 질(樂)겁
- 어우름 빼닫(開閉) 여닫(擔索) 메끈

(익힘)알에벌이어적은여러말가온대에움씨의갈래와쓰임과바꿈과어우름을찾으라

ㅏ、갈래를찾을것

범은뛰고새는나르는구나

쫓기어가던그닭이굉이에게잡히었다

빗은보고소리는듣는도다

밥을먹이고옷을입힌다

ㅓ、쓰임을찾을것

죽었던나무에새잎이나는고나

돌아간봄다시온다

일이되도록만들어라

ㅗ、바꿈을찾을것

춥어서떨린다

말을달린다

못생긴사람남에게몰。리느냐

무게를달운다

빗으로머리를빗고띠를허리에띤다

잠자고꿈꾼다

숨을잘쉬어라

저애는앞니가좀밖으로번어보인다

그일은믿업은일이니라

아숩고기럽은맘에헤녀그인가

ㅜ, 어우름을찾을것

남이돌보아주기를바라지말아라

저사람은남의집에드난하는사람이올시다

낚대드리우고앉앗도다

결없는씀씨의보기몇을알에벌임

씀씨의 보기			토씨의 보기										
			ㄱ	ㄴ		ㄷ	ㄹ	ㅁ	ㅂ	ㅅ		ㅇ	ㅈ
언	움	리소	고	으니 니	네	다	으랴 랴	으면 면	읍니다 ㅂ니다	으소서 소서	소	어서 아서	지
쉬우	누우	ㅜ		|			|	|	|	|		×	
쉽	눕	ㅂ	|		|	|					|		|
고르	오르	ㅡ	|	|	|	|	|	|	|	|			|
골	올	ㄹ										|	
	거르	르		|			|	|	|	|		×	
	것	ㅅ	|		|	|					|		|
나	주	○		|			|	|	|	|		||	
낫	좃	ㅅ	|		|	|					|		|
길	갈	ㄹ	|			¦	|	|		|		||	|
기	가	○		|	|		|		|	|			|

● 넷재 겻

첫재 겻의갈래種類

겻의갈래種類를 임자겻主語吐, 달림겻從屬吐, 매임겻關係吐, 돕음겻補助吐 네가지에 난호아

			1	2	3	4	5	6	7	8	9	10	11
	하야	○		ㅣ			ㅣ	ㅣ	ㅣ	ㅣ		ㅣ	
	하얗	ㅎ	ㅣ		ㅣ	ㅣ					ㅣ		ㅣ
갍	맕	ㅎ		ㅣ			ㅣ	ㅣ	ㅣ	ㅣ		ㅣ	
갈	말	○	ㅣ		ㅣ	ㅣ					ㅣ		ㅣ
깊	갚	ㅎ		ㅣ			ㅣ	ㅣ	ㅣ	ㅣ		ㅣ ㅣ	
깁	갑	○	ㅣ		ㅣ	ㅣ					ㅣ		ㅣ
	좇	ㅎ		ㅣ			ㅣ	ㅣ	ㅣ	ㅣ		ㅣ	
	좇	○	ㅣ		ㅣ	ㅣ					ㅣ		ㅣ
	낮브	—	ㅣ	ㅣ	ㅣ	ㅣ	ㅣ	ㅣ	ㅣ	ㅣ			ㅣ
	낮비	○										ㅣ	

말하노라

임자겻

ㅏ, 임자겻(主語吐) 임자겻은 임씨(名詞)를 월(文)의 임자(主語)되게하는토니 이를 터면

봄이○온다

꽃이○곱다

그사람이○어른이다

이말에「이」가 임씨「봄, 꽃, 그사람」들을 임자되게하는토니 이를 터에「이」들 빼고 그자리에「에, 보다, 의」들토를 넣어(入)「봄에온다, 꽃보다곱다, 그사람의어른이다」하면「봄, 꽃, 그사람」들은 다임자되지못하나니 이「이」와같이 임씨(名詞)를 월의임자되게하는겻들을 임자(主語)겻(吐)이라하나니 그갈래(種類)는 다만임자겻부름임자겻두가지가있나니라

다만임자겻

ㄱ, 다만임자겻 다만임자겻은 아무다른뜻없이 임씨(名詞)를

다만어느월(文)의임자(主語)되게하는토니보기를들면

아버지께○서○아기를사랑하신다

개가○짖는다

범이○뛴다

이말에「께서、가、이」들이다만임자겻이니「께서」는높이어쓰는것이요「가」는홀소리(母音)알에쓰는것이요「이」는닿소리(子音)알에쓰는것이니라

ㄴ、부름임자겻 부름임자겻은무엇을부르(呼)어어느월(文)의임자(主語)되게하는토니보기를들면

개야○짖지말아라 범아○잘뛰어라

동모여○볼지어다 하늘님이○여○굽이어살피소서

이말에「야、아」는다만부름에쓰는것이니「야」는홀소리(母音)알에쓰고「아」는닿소리(子音)알에쓰며「여、이여」는늣(感)기어부름에쓰는것이

딸림겻

니「여」는 홀소리(母音)알에 쓰고「이여」는 닿소리(子音)알에 쓰나니 이를 높(尊)
이(稱)어 쓰랴면「시여」와「이시여」로「여」와「이여」에 넛(代)하야 쓰나니라
(모듬을 이름하는 임씨에는「에서」란 토가「가,이」와 같이 쓰이는 일이 있나니
보기를 들면 우리나라에서 싸홈을 이기엇다 하는 에서니라 그러나 본(法)은 될
수없나니 이를 터면 우리나라에서 잘되어 간다 하면 이 에서는 몬저와 같이
임자토가 되지 못하는 까닭이니라)

ㄱ, 딸림겻(從屬吐) 딸림겻은 임,얻,움(名形動等)들의 씨(詞)의 알에 있어 이를 어느
임씨(名詞)에 딸리어 쓰이게 하는 토니 이를 터면

봄의 꽃
곱은 꽃
웃는 꽃

이 말에「의,은,는」들이 딸림겻이니 임,얻,움(名形動等)들의 씨(詞)「봄,곱,웃」알에 있
어 이를 임씨 꽃에 딸리어 쓰이게 함이니 무릇 이러한 토를 다 딸

림겻이라하나니라 그갈래를다시얹음딸림겻그림딸림겻
두가지에난호아말하노라

얹음딸림겻

ㄱ、얹음딸림겻 얹음딸림겻은어느임(名詞)씨의알에있어이
를다른어느임(名詞)씨에얹히어쓰이게하는토니보(例)기를들면

나의○뜻이굳게서엇다

너의○짓이훌륭하다

우리의○일이이루어지리다

이말에「의」가얹음딸림겻이니「나、너、우리」들의임(名詞)씨알에있어
「뜻、짓、일」들의임(名詞)씨우에얹히어쓰이나니다시말하면「나、너、우
리」들의임(名詞)씨는「의」까닭으로「뜻、짓、일」들의임(名詞)씨에딸리어쓰이
나니라

그림딸림겻

ㄴ、그(形容從屬吐)림딸림겻 그림딸림겻은얻(形動)움들의씨(詞)알에있어그
때를낱(表)아내는김에또이로쓰어다른어느임(名詞)씨를그(形容)리게하

는토니보기(例)를들면

가는。사람 먹는。밥

간。사람 먹은。밥 푸른。잎 붉은。꽃

가던。사람 먹던。밥 푸르던。잎 붉던。꽃

갈。사람 먹을。밥

이말에「는」은만남(現在)을말하는것이요「ㄴ은」은지남(過去)을말하는것인데「ㄴ」은홀소리(母音)알에쓰고「은」은닿소리(子音)알에쓰는것이요「던」은지남(過去)의만남(現在)을말하는것이요「ㄹ、을」은못옴(未來)을말하는것인데「ㄹ」은홀소리(母音)알에쓰고「을」은닿소리(子音)알에쓰는것이니라

「던、을」들이움씨(動詞)의뜻바꿈에「앗、앗섯、엇、엇섯、겟」들의알에쓰일때에는「앗던、앗섯던、겟던」과「앗을、앗섯을、겟을」이되어「지남의지남、지나어다됨의지남、못옴의지남、」과「지남의못옴、지나어다됨의못옴、못옴의못옴」뜻을날아내나니라

ㄴ、매임겻(關係吐) 매임겻은임얻움(名形動等詞)들의씨의알에있어이를다시어느씀말에매이어쓰이게하는토니보기를들면

집에。서옷을。입다　물이얼음이。되다

옷을빠르게。입다

옷을갈아。입다

맘이달과。같다　힘이소보。다세다

이말에「에서、을、이、게、아、과、보다」들이매임겻이니「에서」와「을」은임씨「집」과「옷」알에있어이를움씨「입」에매이게하며「이」는임씨「얼음」알에있어이를움씨「되」에매이게하며「게」는얻씨빠르알에있어이를움씨「입」에매이게하며「아」는움씨「갈」알에있어이를움씨「입」에매이게하며「과」는임씨「달」알에있어이를얻씨「같」에매이게하며「보다」도임씨「소」알에있어이를얻씨「세」에매이게함이니무릇이러한토를다매임겻이라하나니라　그갈래를다시뎡이매

덩이매임겻

임겻,깁음매임겻,꾸밈매임겻세가지에난호아말하노라

ㄱ,덩이매임겻 덩이매임겻은몸말(體言)알에있어이를다른어느씀말(절언,남움절움)과뜻이한덩이가되어쓰이게하는토니보기(例)를들면

날래기가범과。같다 힘세기가소와。같다

아기가감을。먹소 아기가배를。먹소

구름이비가。된다 물이얼음이。된다

이말에「과,와,을,를,가,이」들이덩이매임겻이니「과,와」들은임씨「범」과「소」를절언(不完全形容詞)「갈」과뜻이한덩이가되어쓰이게하는것인데「과」는닿소리(子音)알에쓰고「와」는홀소리(母音)알에쓰며「을,를」들은임씨「감」과「배」를남움(他動)「먹」과뜻이한덩이가되어쓰이게하는것인데「을」은닿소리(子音)알에쓰고「를」은홀소리(母音)알에쓰며「가」와「이」는임씨「비」와「얼음」을절움(不完全動詞)「되」와뜻이한덩이가되어쓰이게하는것인

깁음매임겻

데「가」는홀소리알에쓰고「이」는닿소리알에쓰나니라

ㄴ、깁음매임겻(補足關係吐) 깁음매임겻은몸말(體言)알에있어이를그알어느씀씨에깁음매임(補足關係)이있게하는토니보기(例)를들면

붓으로글씨를쓰다

집에서글씨를쓰다

조히에글씨를쓰다

맘이달보다밝다

힘이그처럼세냐

이말에「으로、에、서、에」들은임씨붓、집、조히들알에있어이를움씨「쓰」에깁음매임이있게하며「보다、처럼」들은임씨「달、그」들알에있어이를얻씨「밝、세」들에깁음매임이있게함이니「에게、루、만콤」따위들도다이갈래(種類)에붙(屬)나니라

꾸밈매임겻

ㄷ、꾸밈매임겻 꾸밈매임겻은씀(用言)씨알에있어이로쓰어

돕음겻

다른어느씀씨를얼마쯤꾸미는토니보기(例)를들면

새가날아。간다　범이뛰어。간다

범이살갈이。빠르게。간다

이말에「아、어、이、게」들이꾸밈매임겻이니「아、어」들은움씨「날、뛰」들알에있어움씨「가」를꾸미는것인데「아」는「날」의홀소리(母音)끝이 ㅏㄴ까닭이요「어」는「뛰」의홀소리(母音)끝이 ㅣㄴ까닭이니라「이」는언씨「갈」알에있어언씨「빠르」를꾸미며(다만「이」는결(理)이없이쓰이나니라)「게」는언씨「빠르」알에있어움씨「가」를꾸미는것이니「러、도록、니、매、므로、면、거늘、아도、ㄴ데、아야、아서、ㄴ들、ㄹ스록、완데、어니、거니、니」따위들도다이갈래(種類)에붙(屬)나니라

丁、돕음겻　돕음겻은임(名詞)씨의알에있어임자겻이나또는매임겻(곳남움과절움에매이어쓰이게하는덩이겻)노릇을하는토니이를터면

아기도。밥을먹소
아기가밥도。먹소
아기만。밥을먹소
아기가밥만。먹소

이말에「도,만」들이돕음겻이니「아기도,아기만」하는「도」와「만」은임자겻노릇을하는것이요「밥도,밥만」하는「도」와「만」은매임겻노릇을하는것이니라이러한따위의토들을다돕음겻이라하나니「는,은 든지 야,이야 마다 까지」따위들도다이갈래(種類)에붙(屬)나니라

(돕음겻은또꾸밈겻알에쓰이는때도있으니이를터면「가게만。한다,먹도록은。한다」하는말의「만,은」따위들이니라

둘재 겻의쓰임

겻의쓰임은임자겻과딸림겻과매임겻세가지가다서로다

르나니이를알에따로따로말하노라

임자겻의쓰임

ㅏ、임자겻(主語吐)은임씨(名詞)를월(文)의임자되게하는토로다만임씨(名詞)알에만쓰이나니라그러나갈은임씨에도홀소리알에와닿소리알에서로달리쓰임이있으니이를터면「가、이」나「야、아」따위니라

임자토의쓰임

풀이	홀소리(母音)알에쓰임	닿소리(子音)알에쓰임
다만토	가	이
	께서	··
	께압서	··
부름토	야	아
	여	이여
	사여	이시여

딸림겻의쓰임

ㅓ、딸림겻은으뜸씨를몸씨에딸리어쓰이게하는토로임、얻、움들의씨알에다쓰이나니라그러나없음겻은다만몸씨알에만쓰이고그림겻은씀씨알에쓰이나니라

쳣재 그림

딸림토 \ 우에씨의갈래		임		언		움	
우에씨의끝소리		홀소리	닿소리	홀소리	닿소리	홀소리	닿소리
우에씨의보기		소	말	히	겸	가	먹
없음토	의	ㅣ	ㅣ				
그림토(形容吐) 잇어(繼續) 지남(過去)	던			ㅣ	ㅣ	ㅣ	ㅣ
그림토(形容吐) 지남(過去)	ㄴ			ㅣ	으ㅣ	ㅣ	으ㅣ
그림토(形容吐) 만남(現在)	는					ㅣ	ㅏ
그림토(形容吐) 못옴(未來)	ㄹ					ㅣ	으ㅣ

둘재그림

그림딸림토 \ 움씨의때뜻바꿈	다지남 (全過去)	지남 (過去)	못옴 (未來)
	앗섯	앗	겟
잇어지남 (繼續過去) 던	다지남의잇어지남 앗섯、던	지남의잇어지남 앗、던	못옴의잇어지남 겟、던
만남 (現在) 는	다지남의만남 앗섯、는	지남의만남 앗、는	못옴의만남 겟、는
못옴 (未來) 을	다지남의못옴 앗섯、을	지남의못옴 앗、을	못옴의못옴 겟、을

매임겻의쓰임

ㅗ、매임겻은으뜸씨를씀씨에매이어쓰이게하는토로임、엇、움들의씨알에다쓰이나니라그러나덩이토와깁음토는몸씨알에쓰이고꾸밈토는씀씨알에쓰이나니라

매임토의쓰임

풀이(說明)	홀소리알에쓰임	닿소리알에쓰임
덩이토	와	과
	를	을
	가	이
깁음토	로	으로
	에서	..
	에	..
	보다	..
	처럼	..
꾸밈토	아	..
	게	..

丁, 돕음겻은 임자겻과 매임겻(남움과 절움에 매이어 쓰이게 하는 토)노릇하는 토로 임씨(名詞)알에 쓰이는 것이니라

셋재 겻의보기(一覽表)틀

갈래
- 임자토(主語吐)
  - 다만토　가　이　께서　께압서
  - 부름토　야　아　여　이여　시여　이시여
- 딸림토(從屬吐)
  - 없음토　의
  - 그림토(形容吐)　는　ㄴ,은　던　ㄹ,을
- 매임토(關係吐)
  - 덩이토　와,과,를,을,가,이
  - 깁음토(補語吐)　으로,에서,에,보다,처럼,만콤,에게,으루

겻
- 꾸밈토(修飾吐) 아, 게, 도록, 니, 매, 므로, 면, 거늘, 아도, 아야
- 쓰임
  - 돕음토(補助吐) 도, 만, 는, 은, 든지, 야, 이야, 마다, 까지
  - 임자토 임씨알(名詞)에만쓰임
  - 뜰림토 으뜸씨알에다쓰이나니라
  - 매임토 으뜸씨알에다쓰이나니라
  - 돕음토 임씨알에쓰이나니라

(익힘)알에벌이어적은여러말가온대에겻씨의갈래와쓰임을찾으라

해환아여을이이제어대있느냐

나의사랑하는아우는이제글배호러서울가앗다

돌아간봄다시온다

글을읽을사람은몬저뜻을세우어야하나니라

땅덩이가닳아가루가되어도옳음(正義)과길(道)은없어지지아니

하리라

소리가우뢰와갈다

그것찾은일은나는알지못하노라

㊀다섯재 잇

첫재 잇의갈래

잇의갈래를다만잇、두로잇두가지에난호아말하노니

다만잇

ㅏ、다만잇 다만잇은아무다른뜻없이다만어느임씨(名詞)를한덩이되게잇는토니이를가진임씨는월(文)의풀(說明語)이되지는못하나니라보기를들면

소와。말 말과。소

이말에「와」「과」들은아무다른뜻없이다만임씨소와말을한덩이로잇을뿐이요또「소와」와「말과」는월(文)의풀이되지못하나니라

두로잇

ㅓ、두로잇 두로잇은같은(同一)갈래의씨(詞)나또는월(文)의마디(節)를두

로다 갈은값(同等)으로 잇는 토니 보기(例)를 들면

그이는 사람이。요 저것은 짐승이라

달은 밝고。기럭이는 울더라

기럭이가 울면。서 날아가오

글을 읽다。가 글씨를 쓰오

이 말에「이요、고、면서、다가」들이 두로 잇이니「이요」는「그이는 사람」이란 월(文)의 마디(節) 알에 있어「저것은 짐승이라」하는 월(文)의 마디(節)를 잇는 김(同時)에 또 갈은(同) 갈래(種類)의 씨(詞) 곳 임씨(名詞)「사람」과「짐승」을 잇는 것이요「고」는「달은 밝」다 하는 월(文)의 마디(節) 알에 있어「기럭이는 울더라」하는 월(文)의 마디(節)를 잇는 것이요「면서」는「기럭이가 울」다 하는 월(文)의 마디(節) 알에 있어「날아가오」하는 월(文)의 마디(節)를 잇는 김(同時)에 갈은(同) 갈래(種類)의 씨(詞) 곳 움씨(動詞)「울」과「가」를 잇는 것이요「다가」는「글을 읽」다 하는 월(文)의 마디(節) 알에 있어「글씨를 쓰오」하는 월(文)의 마디(節)를 잇는 김(同時)에 갈은(同) 갈래(種類)의 씨(詞)

다만잇의쓰임

두로잇의쓰임

곳움씨(動詞)「읽」과「쓰」를잇는것이니라

(「고」도같은갈래의씨를잇는것인데여긔에서는다만월의마디만잇게되니라)

둘재 잇의쓰임

잇의쓰임은그갈래와같이두가지서로다름이잇으니이를알에따로말하노라

ㅏ、다만잇은다만임씨(名詞)잇는(連續)대에만쓰이고월(文)의마디(節)잇는(連續)대에는쓰이지아니하나니라

ㅓ、두로잇는같은(同)갈래(種類)의씨(詞)를잇는(連續)대에든지또월(文)의마디(節)를잇는(連續)대에다쓰이나니라

셋재 잇의보기들

갈래
- 다만잇: 와 과
- 두로잇: 요、이요 면서、으면서 고、 며、으며、 다가

잇 ┤ 쓰임 ┤ 다만잇 다만임씨를잇는대에만쓰이고월의마디를 잇는때에는아니쓰임
두로잇 같은갈래의씨나또는월의마디를잇는대에 쓰임

(익힘)알에벌이어적은여러말가온대에잇씨의갈래와쓰임을찾으라

머루랑다래랑먹고두뫼에살어리랏다

바람이불더니또비가오는구나

● 여섯재 맺

첫재 맺의갈래

맺의갈래는그쓰이는길을딸아홀로맺,이름맺,물음맺,시김맺,네가지에난호아말하노니

ㅏ,홀로맺 홀로맺은다만홀로하는말에끝맺는토니보기

를들면

누른것이꾀꼴이로다。 푸른것이버들이로다。

꽃이붉도다。 새가날도다。

달이밝고。나 기럭이가울고。나

이말에「로다、이로다、도다、고나」들이홀로맺이니「로다、이로다」는임씨알에쓰는것인데「로다」는홀소리(母音)알에쓰고「이로다」는닿소리(子音)알에쓰며「도다、고나」는얻씨와움씨알에다쓰이는것인데홀소리(母音)나닿소리(子音)알에다같이쓰이나니라

이름맺

ㅓ、이름맺 이름맺은남에게이르는말로끝맺는토니보기를들면

저것은개올시다。 이것은범이올시다。

버들잎은푸르오이。다 복사꽃은붉으오。이다

아우가오나이。다 언니가웃나이。다

이말에「올시다、이올시다、오이다、으오이다나이다」들이이름맷
이니「올시다、이올시다」는임씨알에쓰는것인데「올시다」는홀소(母音)
리알에쓰고「이올시다」는닿소(子音)리알에쓰며「오이다、으오이다」는
언씨(形容詞)알에쓰는것인데「오이다」는홀소(母音)리알에쓰고「으오이다」는
닿소(子音)리알에쓰며「나이다」는움씨알에쓰는것인데홀소리나닿
소리알에다쓰이나니라
「올시다」는임씨알에만쓰는것인데어느곧에서는언씨알에
쓰기도하나이는널리쓰이지못하며
「오이다」는임씨알에도쓰이나니라그러나움씨알에는아니
쓰이며「나이다」는옵을더하야「옵나이다」를만들기까지는임
씨나언씨알에쓰이는일이없고어떠한때에그대로언씨알
에쓰이면그언씨는곳움씨가되나니이를터면「븕나이다」하
면이「븕」은븕는일을하는움씨니라

물음맺

ㄴ、물음맺 물음맺은남에게뭇거나또는제혼자뭇는말에 끝맺는토니보기를들면 例

그이가누구냐。 이짐승이범이냐。

조히기히냐。 먹이검으냐。

날이새느냐。 아기가웃느냐。

범의새끼가어찌개리요。

버들잎이발서푸른가。

그사람이참말올지。

이말에「냐、이냐、으냐、느냐、리요、ㄴ가、ㄹ지」들이물음맺이니「냐」는 임씨와얻씨의홀소리알에쓰고「이냐」는임씨의닿소리알에쓰 고「으냐」는얻씨의닿소리알에쓰고「느냐」는움씨의홀소리와닿 소리알에다쓰며「리요、ㄴ가、ㄹ지」는임씨나얻씨나움씨의홀소 리알에다두로쓰되닿소리가될때에는임씨의닿소리알에는

시김맺

「이」를더하고얻씨나움씨의닿소리알에는「으」를더하여쓰나니라그러한데「ㄴ가,ㄹ지」들의「ㄴ,ㄹ」은지남과못옴의때를날아내는것이니라

(「냐,이냐,으냐,느냐」들은홑이남에게묻는말에쓰고「리요,ㄴ가,ㄹ지,」들은홑이혼자묻는말에쓰나니라그러나만난境遇때를딸아바꾸기도하나니라)

ㄱ,시김맺 시김맺은시기는말에끝맺는토니보기를들면

이것보아라。 저리가거라。

저달을보소서。 붓대를잡으소서。

이말에「아라,거라,소서,으소서」들이시김맺이니「아라」는남움알에쓰고「거라」는제움알에쓰며「소서」는움씨의홀소리알에쓰고「으소서」는닿소리알에쓰나니이는시김을받는이를높이어말함이니라

(「거라」는제움알에쓰이나본(法)이없나니이를터면「오너라」하는말에는「나라」가쓰임을보아도옳지라이러하므로제움알에도남움알에와같이「아라」를쓰는것이좋겠다하노라)

(맺에는같은소리에높낮이를붙이어뜻이서로다르게쓰는일이있으니이를터면「오」토를움씨「가」알에쓸때에「오」소리를높이어「가오」하면뭇는말이되고「오」소리를예사로내어「가오」하면이르는말이나시기는말이되며또「어」토를움씨「먹」알에쓸때에「어」소리를높이어「먹어」하면뭇는말이되고「어」소리를예사로내어「먹어」하면이르는말이나시기는말이되는따위니라

둘재 맺의쓰임

맺의쓰이는여러가지일을알에별이어말하노니

ㅏ,홀로,이름,물음들의맺은임,얻,움세씨알에다쓰이나니이를알에따로적어보이노라

홀로이름물음맺들의쓰임

시김맺의 쓰임

토		임 홀소리 소	임 닿소리 말	언 홀소리 히	언 닿소리 검	움 홀소리 가	움 닿소리 먹
홀로맺	로다	—	이—				
	도다			—	—	—	—
	고나			—	—	—	—
이름맺	올시다	—	이—				
	오이다			—	으—		
	나이다					—	—
물음맺	냐	—	인	—	우		
	느냐					—	—
	ㄴ가	—	이—	—	으—		
	지	—	인	—	—	—	—
	ㄴ지	—	이—	—	으—		
	근지	—	이—	—	으—	—	으—

(표 머리: 우에의 씨의 갈래 / 우에의 씨의 소리끝 / 우에의 씨의 보기)

ㅓ, 시김맺은 움씨알에만 쓰이나니라 이러하므로 어느 언씨

의알에쓰일때에는그얻씨(形容詞)도곳움씨(動詞)나다름이없나니보기를들면

날아밝거라

꽃아붉거라

이말에「밝거라」하는말은밝는일을하여라하는말이요「붉거라」하는말은붉는일을하여라하는말인까닭으로이「밝,붉」들은얻씨나곳움씨와다름이없나니라

이름、물음
시김맺들의
쓰임

ㄴ、이름、물음、시김、의맺들은다그자리의높음(上待)、가온(中待)、낮음(下待)、세가지의다름이있게쓰이나니보기를들면

풀이	이름	물음	시김
높음	옵나이다	옵더이까	옵소서
가온	네	ㄴ가	게
낮음	니라	더냐	아라

이름、물음맺늘의쓰임

이말가은대에「옵나이다、옵더이까、옵소서」들의옵은「나이다」「더이까、소서」들에더하여쓰이는것이니라

丅、이름、물음、의맺들은때의「지남、만남、못음」세가지의다름이있게쓰이나니보기를들면

풀이	이름	무름
지남		ㄴ가 (인가 은가)
만남	ㄴ다、는다	지、이지
못음		ㄹ지 (일지 을지)

이말가은대에「ㄴ가、ㄴ다、ㄹ지」들의「ㄴ、ㄹ」은「가、다、지」들에더하여쓰이는것이니라

(이우에말한「옵、ㄴ、ㄹ」따위는본이없이쓰이나니라)

자리에「시」와때에「앗、겟」따위는본이있으나이는움뜻바꿈에붙이므로이토에는말하지아니하노라

셋재 맺의보기들

- 맺
  - 갈래
    - 홀로 홀로하는말에끝맺는토
    - 이름 남의게이르는말에끝맺는토
    - 물음 남의게나혼자나뭇는말에끝맺는토
    - 시김 시기는말에끝맺는토
  - 쓰임
    - ㅏ、홀로、이름、물음、들의맺 은임、얻、움、세씨알에다 쓰임
    - ㅓ、시김맺 은움씨알에만쓰임(얻씨알에쓰일때에는이얻씨도움이나 다름없음)
    - ㅗ、이름、물음、시김들의맺 은다자리의높음、가온、낮음이있은
    - ㅜ、이름、물음、들의맺 은때의지남、만남、못옴이 있음

(익힘)알에벌이어적은여러말가온대에맺씨의갈래와쓰임을찻으라

날세가참좋구나

내가가리로다

그이는맘이가을달같은사람입데다

맘은달보다더욱밝으니라

우리갈이갑시다

이것은무엇이오니까

배호면알겟지

알기만하면다되는가

글을읽어라

이리오너라

여긔앉으시오

토의 쓰이는 것

토의 갈래			임자토						딸림토					매임						
우에 씨의 갈래	우에 씨의 끝소리	이 토의	다만			부름			없음	그림				덩이			깁음			
			높、낮、갈	높음	맨노음	낮음	갈음	높음	없음	잇어지남	지남	만남	못옴	절언에	남움에	절움에	부림	자리	견줌	..
		우에 씨의 보기말 / 토의 보기말	가、이	께서	께압서	야、아	여、	시여、	의	던	ㄴ	는	근	와、과	를、을	가、이	로	에	보다	처럼
임	홑소리	비	ㅣ	ㅣ	ㅣ	ㅣ	ㅣ	ㅣ	ㅣ	⋮	⋮		⋮	ㅣ	ㅣ	ㅣ	ㅣ	ㅣ	ㅣ	ㅣ
	당소리	눈	ㅣ	ㅣ	ㅣ	ㅣ	이/ㅣ	이/ㅣ	ㅣ	이/⋮	이/⋮		이/⋮	ㅣ	ㅣ	ㅣ	으/ㅣ	ㅣ	ㅣ	ㅣ
언	홑소리	히								ㅣ	ㅣ		ㅣ							
	당소리	검								ㅣ	으/ㅣ		으/ㅣ							
움	홑소리	보								ㅣ	ㅣ	ㅣ	ㅣ							
	당소리	읽								ㅣ	으/ㅣ	ㅣ	으/ㅣ							

일곱재 연

작은 보기들

								잇	잇	잇	잇	잇	맺	맺	맺	맺	맺	맺	맺	맺	맺	맺	맺
꾸밈토	꾸밈토	돕음토	돕음토	돕음토	돕음토	돕음토	돕음토	다만	두로	두로	두로	두로	홀로	홀로	이름	이름	이름	물음	물음	물음	시김	시김	시김
		갈음	홀로	다름	쉬임	고로	미침																
아、어	게	도	만	는、은	든지	마다	까지	와、파	요	고	면서	더니	로다	도다	을시다	오이다	나이다	냐	ㄴ가	지	아라、어라	소서	압소서
		ㅣ	ㅣ	ㅣ	ㅣ	ㅣ	ㅣ	ㅣ	ㅣ			ㅣ	ㅣ		ㅣ	ㅣ		ㅣ	ㅣ	ㅣ			
		ㅣ	ㅣ	ㅣ	이ㅣ	ㅣ	ㅣ	ㅣ	이ㅣ			이ㅣ	이ㅣ		이ㅣ	이ㅣ		이ㅣ	이ㅣ	이ㅣ			
ㅣ	ㅣ									ㅣ		ㅣ		ㅣ		ㅣ		ㅣ	ㅣ	ㅣ			
ㅣ	ㅣ									ㅣ		ㅣ		ㅣ		으ㅣ		으ㅣ	으ㅣ	ㅣ			
ㅣ	ㅣ									ㅣ	ㅣ	ㅣ		ㅣ			-ㅣ			ㅣ	ㅣ	ㅣ	ㅣ
ㅣ	ㅣ									ㅣ	으ㅣ	ㅣ		ㅣ			ㅣ			ㅣ	ㅣ	으ㅣ	으ㅣ

가리침언

셈언

첫재 언의갈래

언의갈래를가리침언(指示),셈언(數),가림언,물음언(問)네가지에난호아 말하노라

ㅏ,가리침언(指示) 가리침언은임씨(名詞)의어느것임을가리치는언이니보기(例)를들면

요○사이날세가따뜻하다

고○사람의하는짓이아주낫브고나

조○것이무슨짐승이냐

이말에「요,고,조」들이가리침언이니「사이,사람,것」들의임씨우에있어이를어느것이라고가리치는것이니라

(요,고,조,들의뜻은이,그,저,들과비슷하나몸은다르게쓰이므로이를임씨라고하지아니함)

ㅓ,셈언(數) 셈언은임씨(名詞)의낟(個)이나부피(量)나자리(第)를세는언이니

보기를들면

한○사람은저리가고두○사람은이리온다

여○러사람이힘을쓰면모○든일을다이루기가쉽다

사람은맘이첫○재니라

이말에「한、두、여러、모든、첫」들이셈언인데「한、두」들은낱(個)을세는것이요「여러、모든」들은부피(量)를세는것이요「첫」은자리를세는것이니라

ㄴ、가림언(分別) 가림언은임씨의갈(性質)이나꼴(形狀)을가리는언이니보기를들면

그이는새○사람이되엇더라

달밝고서리찬데외○기러기울고간다

이말에「새、외」들이가림언이니사람이나기러기들의임씨(名詞)우에있어그갈이나꼴을가리는것이니라

丁、물음언(問) 물음언은무슨임씨냐고묻는대에쓰는언이니
보기를들면

오늘이어느。날이냐

그이가웬。사람이야

이것이무。슨짓이냐

이말에「어느、웬、무슨」들이물음언이니「날、사람、짓」들의우에있어
이를묻는것이니라

둘재 언의쓰임(用)

언은반듯이임(名詞)씨나언씨우에만쓰이는것이니라그러나언
씨우에쓰일때에라도뜻은바로(直接)그언씨에매임(關係)이없고다만그
알에어느임씨에매임(關係)이있나니보기(例)를들면

한。외。기럭이가날아잔다

어。느。재。일을잡아야하겟다

이말에「한」은언씨「외」우에쓰이나뜻은임씨(名詞)「기럭이」에매임(關係)이있고「어느」는언씨「새」우에있으나뜻은임씨「일」에매임이있나니라

셋재 언의보기틀(一覽表)

- 언
  - 갈래(種類)
    - 가리침(指示)언 요、고、조
    - 셈(數)언 한、두、여러、모든
    - 가림(分別)언 새、외、올、돌
    - 물음(問)언 어느、무슨、웬
  - 쓰임(用)
    - 임씨와언씨우에쓰이나
    - 뜻은임씨에만매임

(익힘)알에벌이어적은여러말가온대에언씨의갈래와쓰임을찾으라

다같은말에도이놈하여다르고요놈하여다르지

젊은사람이웨덧저고리입느냐

어느사이풋나물이나앗구나

● 여섯재 억(副詞)

첫재 억의갈래

억의갈래를 가리침(指示)억, 때(時間)억, 막음(打消)억, 녀김(認定)억, 견줌(比較)억, 짓골(動態)억, 빛갈(色態)억, 일곱가지에 난호아 말하노라

ㅏ, 가리침억(指示副詞) 가리침억은 움씨(動詞)를 가리치어 꾸미는 억이니

보기를 들면

저리。가거라

이리。오너라

그리。말아라

이 말에 「저리, 이리, 그리」들이 가리침억이니 「가, 오, 말」들의 움씨를 가리치어 꾸미는 것이니라

(저, 이, 그, 들의 가리침넛임(指示代名詞)에 「리」를 더하여 된것이라)

때억 ㄱ、때억(時間副詞) 때억은씀씨(用言)의때를보이는억이니보기를들면

그사람은늘○착하더라

길을가자면어렵은고개를각금만나나니라

좋은일인줄을알거든곳○예(行하)어라

이말에「늘,각금,곳」들이때억이니「착하,만나,예」들의씀씨의때를보이어꾸미는것이니라

막음억 ㄴ、막음억(打消副詞) 막음억은씀씨(用言)의뜻을막는억이니보기를들면

불이어○찌차리오

뜻이없는이는일을못○이루나니라

이말에「어찌,못」들이막음억이니「차,이루」들의씀씨의뜻을막는것이니라

녀김억 ㄷ、녀김억(認定副詞) 녀김억은무슨일이어떠한줄로녀기는억이니보(例)기를들면

견줌억

짓끌억

그사람은참○어질다

이일은아○마되리다

이말에「참,아마」들이녀김억이니「어질,되」들의씀씨를어떠하게 녀기는것이니라

一、견줌억(比較副詞) 견줌억은다른것과어떠한가견주는억이니보기를들면

그애가글을잘○읽더라

이조히가가○장좋다

이말에「잘,가장」들이견줌억이니「읽,좋」들의씀씨를어느다른씀씨에견주는것이니라

ㅣ、짓끌억(動態副詞) 짓끌억은어느움즉이는꼴을그대로그리는억이니이는「거리,대」들의소리를더하여움씨가되거나또는제소리를거듭하고또「하」를더하여움씨가되나니라보기를들면

빛갈억

물이출렁흐르어간다

물이출렁거린다

물이출렁댄다

물이출렁출렁한다

이말에「출렁」이짓꼴억(動態副詞)이니움씨「흐르」를꾸미거나「거리,대」들의소리를더하여움씨가되거나또는제소리를거듭하고또「하」를더하야움씨가되는것이니라

ㅂ, 빛갈억(色態副詞) 빛갈억은어느빛이나갈의어떠함을그대로그리는억이니이는제소리를거듭하야씀씨를꾸미거나또거긔에「하」소리를더하여얻씨가되나니라보기를들면

구름이얼룩얼룩끼이엇다

조히빛이얼룩얼룩하다

이말에「얼룩」이빛갈억이니제소리를거듭하야움씨(動詞)끼이를꾸

미거나또거긔에하를더하야얻씨가되는것이니라

둘재 억의쓰임(用)

억은씀씨우에쓰이는것이니라그러하므로어떠한때에다른씨우에쓰일지라도그뜻이거긔에는매임(關係)이없고다만그알에어느씀씨에매이나니보기를들면

달이매우밝다

비가각금온다

그애가글을썩잘읽는다

꽃이필때에는늘바람비가많더라

너는아마서울에가겠지

이말에「매우,각금,썩잘」들은씀(用言)씨나억씨우에바로(直接)쓰는것이요「늘,아마」들은몸(體言)씨「바람,서울」우에쓰이나뜻은이에매임(關係)이없고다만그알에있는씀씨「많,가겠」에매임이있나니라

(짓끌억과빛갈억은홑이풀이로쓰이는일이있으
니이를터면「비는줄줄、바람은솔솔」따위들이니라)

셋재 억의보기틀

억
- 갈래
  - 가리침억(指示副詞) 이리 저리 그리
  - 때억(時間副詞) 늘 곳 각금
  - 막음억(打消副詞) 어찌 못 아니
  - 녀김억(認定副詞) 참 아마
  - 견줌억(比較副詞) 잘 가장 더욱
  - 짓끌억(動態副詞) 출령
  - 빛갈억(色態副詞) 열룩
- 쓰임
  - ㅏ、몸은다른씨우에쓰일때가있어도뜻은반듯이
    그알에어느씀씨에만매임
  - ㅓ、짓끌억과빛갈억은홑이풀이로도쓰임

(익힘)알에벌이어적은여러갈가온대에억씨의갈래와쓰임

을찾으라

이럭저럭발서새해가되엇느냐

쇠갈이굳은맘은예나이제나늘한결같다

저애는웨부지런이배호지아니하느냐

애쓰어하면반듯이이룸이있으리라

날빛보다더밝다

물결같이왈칵왈칵달기어듦다

구름이어른어른어리엇다

● 아홉재 늑(感動詞)

첫재 늑의갈래(種類)

늑의갈래를깃븜늑、놀람늑、부름늑、이름늑、녀김늑、걱정늑、여섯에난호아말하노라

ㅏ、깃븜늑 깃븜늑은깃븐느낌을낱(表하)아내는소리니보기(例)를

들면

허허(웃음소리) 하하(웃음소리) 들이니라

놀람늑	ㅓ, 놀람늑 놀람늑은놀라는느낌을낱(表)아(하)내는소리니보기(例)를들면 아이구 헤헤 들이니라
부름늑	ㅗ, 부름늑 부름늑은부르는느낌을낱(表)아(하)내는소리니보기(例)를들면 여보「여긔보오」(의줄인말) 구구(닭부르는소리) 들이니라
이름늑	ㅜ, 이름늑 이름늑은이르는느낌을낱(表)아(하)내는소리니보기(例)를들면 네 오냐 들이니라
녀김늑	ㅡ, 녀김늑 녀김늑은녀기는느낌을낱(表)아(하)내는소리니보기(例)를들면

걱정늑

암 글세 들이니라

一, 걱정늑 걱정늑은걱정하는느낌을낟아(表하)내는소리니보(例)기를들면

후유(한숨쉬는소리) 에그(걱정하는소리) 들이니라

다른씨라도소리의높이와길이를다르게하야늑(感動詞)으로쓰는일도있나니라

둘재 늑의쓰임(用)

늑은다른갈래(種類)의씨(詞)와같이쓰이지아니하고홀로한월(文)과같이쓰이나니이를터면

허。허그것참깃브다

아。이구그것참놀랍다

이말에「허허,아이구」들은제홀로한뜻을다낱아낸월(文)이요「그것참깃브다」와「그것참놀랍다」에아모붙이는뜻이없나니라

셋재 늑의보기틀(一覽表)

늑
- 갈래
  - 깃븜늑 허허、 하하
  - 놀람늑 아이구、 헤헤
  - 부름늑 여보、 구구
  - 이름늑 녜 오냐
  - 녀김늑 암 글세
  - 걱정늑 후유 에그
- 쓰임
  - 다른씨와갈이쓰이지아니하고
  - 한월(文)과갈이쓰이나니라

(익힘)알에벌이어적은여러말가온대에늑씨의갈래와쓰임을찻으라

에그 이것웬일이냐

저사람이무슨일로아이구하느냐

암그렁고말고
깃브거든허허웃어라
오냐너맘대로하여라
닭부르는소리는구구하오

(익힘)알에적은여러씨의갈래를찾으라
늘힌뫼높다하되하늘알에뫼로다오르고또오르면못오
를줄없건마는사람이제아니오르고뫼만높다하도다(우
조셋재치잣은한잎)리이。눈맞아휘엇노라굽은솔웃지마라봄
바람에피온꽃이늘그리고앗으랴눈날고바람칠제너야
나를불어하리라(우조막내이)、최형。이몸이죽어죽어골잘번
다시죽어백다귀흙이되어넋이라도있고없고임께둔한
갈맘이야가실줄이있으랴(우조셋재치잣은한잎)、정몽주。

조선말본·씨갈 마침

조션말본·월(文)갈

여러가지씨(詞)곳낱말(個語)을모아한생각을다낱(表)아내는것을말의월(文)이라하나니이를터면

복사꽃이붉도다

버들잎이푸르고나

새는노래하고나비는춤추더라

이와같이한생각을다낱아내는말들을다이름이니라

● 첫재 월의감(成分(叉格))

월을이루는조각(部分)을월의감이라하나니이를터면

붉은,꽃이,곱게,피오

이말에「붉은」과「꽃이」와「곱게」와「피오」가다월의감이니라

첫재 감의갈래(成分種類)

임자감

감의갈래를임자감(主語)、풀이감(說明語)、딸림감(從屬語)、매임감(關係語)、네가지에난호아
말하노라

ㅏ、임자감(主格) 임자감은월을이룸에임자되는조각을이름이
니보기를들면

꽃이핀다

벌과나비가날아온다

그사람이힘이세다

뜻이굳기가쇠보다단단하다

맘이ᄇᆞᆰ은사람이뼈가닳도록일하오

여름에는낮이길고밤이짜르오

이말에「꽃이、벌과나비가、그사람이、힘이、뜻이、뜻이굳기가、맘이、
사람이、뼈가、낮이、밤이」들이임자감이니곧「피、날아오、힘이세、세、
굳、쇠보다단단하、ᄇᆞᆰ、일하、닳、길、짜르」들의임자되는조각이니라

그러한데「꽃이」와같이홋된임자를홋임자라하고「벌과나비가」와같이여럿으로된임자를뭇임자라하고「그사람이」와같이마(節)디(뜻은이알월의마디에말함)를풀이(뜻은이알풀이감에말함)로삼은임자를큰임자라하고「힘이」「뜻이」와같이조각마디(뜻은이알조각마디에보임)의임자를작은임자라하고「뜻이굳기가」와같이마디로이루인임자를마디임자라하고「맘이」와같이딸림마디(뜻은이알붙음마디에보임)의임자를움임자라하고「배가」와같이매임마디(뜻은이알붙음마디에말함)의임자를가지임자라하고움임자와가지임자를붙음임자라하고「사람이」와같이으뜸마디(뜻은이알으뜸마디에보임)의임자를으뜸임자라하고「낮이」「밤이」와같이홀로마디(뜻은이알홀로마디에말함)의임자를같은임자라하나니라

ㅓ「풀이감(說明格) 폴이감은임자말을풀이하는조각이니보기를들면

꽃이핀다

벌이노래하며나르오

그사람이힘이세다

뜻이굳기가쇠보다단단하오

맘이붉은사람이뼈가닳도록일하오

여름에는낮이길고밤이짜르오

이말에「피다、노래하며나르오、힘이세다、세다、굳기、쇠보다단단하다、붉은、닳도록、일하오、길고、짜르오」들이풀이감이니곳「꽃이、벌이、그사람이、힘이、뜻이、뜻이굳기가、맘이、뼈가、사람이、낮이、밤이」들의임자감을풀이하는조각이니라그러한데「핀다」와같이홑된풀이를홑풀이라하고「노래하며나르오」와같이여럿으로된풀이를뭇풀이라하고「힘이세다」와같이마디로이루인풀이를마디풀이라하고「세다、굳기」와같이조각마디의풀이를작은풀이라하고「쇠보다단단하오」와같이마디임자의풀이를큰풀이

說明

라하고「붉은」과같이딸림마디의풀이를움풀이라하고「닳도록」과같이매임마디의풀이를가지풀이라하고움풀이와가지풀이를붙음풀이라하고「일하오」와같이으뜸마디의풀이를으뜸풀이라하고「길고,짜르오」와같이홀로마디의풀이를같은풀이라하나니라

(임자와풀이는월文을이룸에으뜸되는조각이므로이를으뜸元成감分이라하나니라)

ㄴ,딸림감從屬格 딸림감은몸씨體言우에있어이에딸리어쓰이는조각을이름이니보기例를들면

나의범

날랜범 뛰는범

나와너의범 날래고사납은범 날며뛰는범

걸음이빠른범

매임감

이말에「나의」「날랜」「뛰는」「나와너의」「날래고사납은」「날며뛰는」걸음이빠른」들이딸림감이니「나의」와같이몸씨우에얹히어쓰이는것을얹음딸림이라하고「날랜」「뛰는」들과같이몸씨우에있어이를그리는(形容하)것들을그림딸림이라하고이세가지를따로부를때에는홋딸림이라하며「나와너의」「날래고사납은」「날며뛰는」과같이여럿으로된딸림을뭇딸림이라하고「걸음이빠른」과같이마디로이루인딸림을마디딸림이라하나니라

丁、매임감(關係格) 매임감은씀씨(用言)우에있어이에매이어쓰이는조각을이름이니보기를들면

맘이달과같다 아기가젖을먹소 구름이비가된다

나는서울에간다 배곱이배보다크오

말이뛰어간다 소가더대게온다

배와감을먹소 크고좋게만들고나

저사람이힘차게공부하오

이말에「달과」젖을「비가」서울에「배보다」뛰어「더대게」배와감을「크고좋게」「힘차게」들이매입감이니「달과」젖을「비가」들과같이쓰씨와서로뜨어날수없는것들을명이매임(「젖을」과같이남움파명이되는말을손말이라하나니)이라하고「서울에」「배보다」들과같이쓰씨의뜻모자람을깁는것을깁음매임이라하고「뛰어」「더대게」와같이쓰씨의꼴을꾸미는것을꾸밈매임이라하고이일곱가지를따로부를때에는홋매임이라하며「배와감을」「크고좋게」와같이여럿으로된매임을뭇매임이라하고「힘차게」와같이마디로이루인매임을마디매임이라하나니라。

(달림과매임은월을이룸에붙음되는조각이므로붙음감이라하나니라)

(월의감재로써는감의몸이라하고로써는감의빛이라하나니이를터면「꽂이핀다」는말에「꽂」은임자몸「이」는임자빛「피」는풀이몸「ㄴ다」는풀이빛이라

(하나 니라)

- 으뜸감
  - 임자감
    - 홋임자
    - 뭇임자
    - 큰임자
    - 작은임자
    - 마디임자
    - 붙음임자
      - 움임자
      - 가지임자
    - 으뜸임자
    - 같은임자
  - 홋풀이
  - 뭇풀이
  - 큰풀이
  - 작은풀이

- 감의갈래
  - 풀이감
    - 마디풀이
    - 붙음풀이
      - 움풀이
      - 가지풀이
    - 으뜸풀이
    - 같은풀이
  - 붙음감
    - 딸림감
      - 없음딸림
      - 그림딸림
      - 홋딸림
      - 뭇딸림
      - 마디딸립
    - 매임감
      - 덩이매임
      - 깁음매임
      - 꾸밈매임
      - 홋매임

뭇매임

마디매임

둘재 감(成分)의벌임(排列)

월을짬에는그감을벌이는자리의몬저와나종이있나니이를알에보이노라

ㅏ, 임자감은풀이감보다몬저쓰이나니이를터면

비가온다

이말에임자「비가」는풀이「온다」보다몬저쓰이는따위니라

ㅓ, 딸림감은몸씨보다몬저쓰이나니이를터면

나의사랑하는훌륭한동모

이말에딸림「나의」와「사랑하는」과「훌륭한」들은몸(體言)씨동모보다몬저쓰이는따위니라

ㅗ, 매임감은씀씨보다몬저쓰이나니이를터면

임자감과풀이감의벌임

딸림감과몸씨의벌임

매임감과씀씨의벌임

밥을빠르게먹어라

이말에매임「밥을」과「빠르게」들은씀씨「먹」보다몬저쓰이는때위니라

월의감을우에말함과같이벌이지아니하는것도있나니이를터면「온다,비가」와「먹어라,밥을빠르게」들때위니라

그러나이는바로쓰임이아니므로거꿀벌임이라하고우에말함과같이벌임을바로벌임이라하나니라

감의벌임	
몬저벌이는감	뒤에벌이는감이나씨
임자감	풀이감
딸림감	임씨
매임감	얻씨나움씨

임자감의줄임
풀이감의줄임
딸림감의줄임
매임감의줄임

셋재 감의줄임(成分省略)

월을짬에는그앞뒤의만남(境遇)과쓰어오던버릇(慣習)을말미암아감을줄이고쓰는일도있나니보기(例)를들면

〔너는〕무엇을보느냐
저애는어대로〔가느냐〕
바람앞에〔있는〕초불같다
그사람은〔옷을〕잘입엇다

이말에「너는、가느냐、있는、옷을」들과같이그감을줄이어도그뜻을알아볼수있을때에는흖이줄이고쓰나니라

감의줄임 ─ 임자감의줄임 / 풀이감의줄임 / 딸림감의줄임 / 매임감의줄임

(익힘)알에벌이어적은말가온대에감의갈래와벌임과줄임을찾아밝게말하라

배호는사람이첫재다

무엇을배호면좋겠느냐

그것은맘대로고를것이니라

암그것이야

옹이에마디라

어찌하엿든지잘배호게

둘재 월의마디(文節)

월의뜻감곳임자감과풀이감을갖호고도오히려월의한조각되는것을월의마디라하나니이를터면

꽃은붉고잎은푸르다

그말은걸음이빠르다

마디의갈래
홀로마디

날세가따뜻한봄이오앗소

이말들에줄긋어놓은것들이다한마디씩이니라

마디의갈래를홀로마디(獨立節)、조각마디(部分節)、붙음마디(附屬節)、으뜸마디(主節)네가지에난호아말하노라

첫재 홀로마디(獨立節)

홀로마디는모든마디가서로같은값(同等)으로갈서(竝立)는것을다따로따로이름이니보기를들면

저것은붓이요이것은먹이다

쇠는무겁고깃은가볍다

나비는춤추고새는노래하오

이말에줄을긋은도막들이다홀로마디니이는그우날마디가서로같은값(同等資格)을가진까닭이니라

둘재 조각마디(部分節)

조각마디는월(文)의한임자(主語)나풀이(說明語)노릇하는마디들을이름이니보기를들면

맘이맑기가얼음과어떠하뇨

저달은빛이밝다 이사람은뜻이서엇다

이말에줄을긋은것들이조각마디니「달이밝기가」는임자마디요「빛이밝다」와「뜻이서엇다」는풀이마디니라

셋재 붙음마디(附屬節)

붙음마디는몸씨(體言)에딸리어쓰이거나씀씨(用言)에매이어쓰이는마디들을이름이니보기(例)를들면

소리가좋은새가울고나

봄이오니꽃이피오

이말에줄을긋은것들이붙음마디니「소리가좋은」은딸림마디요「봄이오니」는매임마디니라

으뜸마디

넷재 으뜸마디 (上節)

으뜸마디는붙음마디를둔으뜸되는마디를이름이니보기를들면

빛이붉은해가돋으오

숲이깊어야범이있소

이말에줄을긋은것들이으뜸마디니「해가돋으오」는딸림마디「빛이붉은」을둔으뜸마디니이따위를등걸마디라하고「범이있소」는매임마디「숲이깊어야」를둔으뜸마디니이따위를줄기마디라하나니라

홀로마디가거듭하여끝못난말을줄마디라하고조각마디가거듭하여끝못난말을겹마디라하고붙음,으뜸마디가거듭하여끝못난말을덧마디라하나니우에네가지를홋마디라하고이세가지를거듭마디라하나니라

마디의갈래

- 홋마디
  - 홀로마디
  - 조각마디
    - 임자마디
    - 풀이마디
  - 불음마디
    - 딸림마디
    - 매임마디
  - 으뜸마디
    - 등걸마디
    - 줄기마디
- 거듭마디
  - 줄마디
  - 겹마디
  - 덧마디

(익힘)알에벌이어적은말가온대에마디의갈래를찾아밝게말하라

겨울은가고봄이오는구나

저애는맘이착하더라

맘이착하면몸이높이되리라

● 셋재 월(文)의갈래(種類)

월에임자와풀이만갖호아한생각을다날아내는(完全發表하)것이든지
여러마디를갖호아한생각을다날아내는것이든지어떠하게
된것이든지한생각을다날아내는(完全發表하)것은다월이니라그러나그
짜이는바를딸아다섯가지갈래가있나니곳홋월(單文)、줄월(重文)、겹월(複文)、덧
월、모(混文)월들이니라

월의갈래
- 홋월
- 줄월
- 겹월
- 덧월
- 모월

첫재 홋월(單文)

홋월은다만월의감만갖호고월의마디는갖호지아니한월을
이름이니알에보기를들고그뜻을그림으로풀어말하노라

첫재보기 봄이한창이로다 (임자,풀이,씨임)

봄 이 | 한창 이로다

ㄱ,「봄」은임자몸이요「이」는임자빛이요「봄이」는임자감이니
라
ㄴ,「한창」은풀이몸이요「이로다」는풀이빛이요「한창이로다」
는풀이감이니라
ㄷ,「봄,한창」은으뜸감몸이요「이,이로다」는으뜸감빛이요「봄
이한창이로다」는으뜸감이니라
ㄹ,세로긋은굵은줄왼쪽은으뜸감의자리요 가로긋은
외줄우는임자감의자린데거긔에또세로긋은줄옳은
쪽은임자몸의자리요그왼쪽은임자빛의자리며 가

로긋은두줄우는풀이감의자린데거긔에또세로긋은줄옳은쪽은풀이몸의자리요그왼쪽은풀이빗의자리니라

둘재보기 좋은꽃나무도많더이다 (딸림없음, 그림 임자, 풀이 얼씨)

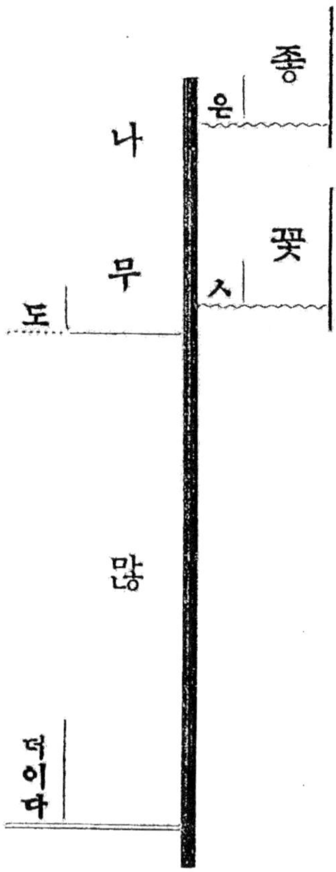

ㄱ「좋」은딸림몸이요「은」은딸림빗이요「좋은」은딸림감이며「꽃」은딸림몸인데빗은줄인것이니라

ㄴ「나무」는임자몸이요「도」는돕음겻으로임자빗노릇하는

것이요「나무도」는임자감이니라

ㄷ,「많」은풀이몸이요「더이다」는풀이빛이요「많,더이다」는풀이감이니라

ㄹ,세로긋은긁은줄옳은쪽에가로긋은꼬불꼬불한외줄우는딸림감의자린데「꽃」왼쪽에「ㅅ」은숨은말을보인것이요임자빛자리에점찍은것은돕음겻자리를보인것이니라

셋재보기 나비가꽃속에서질겁게날아다니더냐 (임자, 매임 깁음, 꾸밈 풀이 씨움)

나비 가 다니 더냐

꽃속 에서 질겁 게 날 아

ㄱ「나비가다니더냐」는 으뜸감이니라

ㄴ, 세로긋은굵은줄옳은쪽에가로긋은끄불끄불한두줄
우는매임감이니라

넷재보기 한창젊은이들아이좋은때를거저보내지말아
라

(딸림, 임자 한임씨와 같이된덩이, 매임, 풀이 한움씨와 같이된덩이)

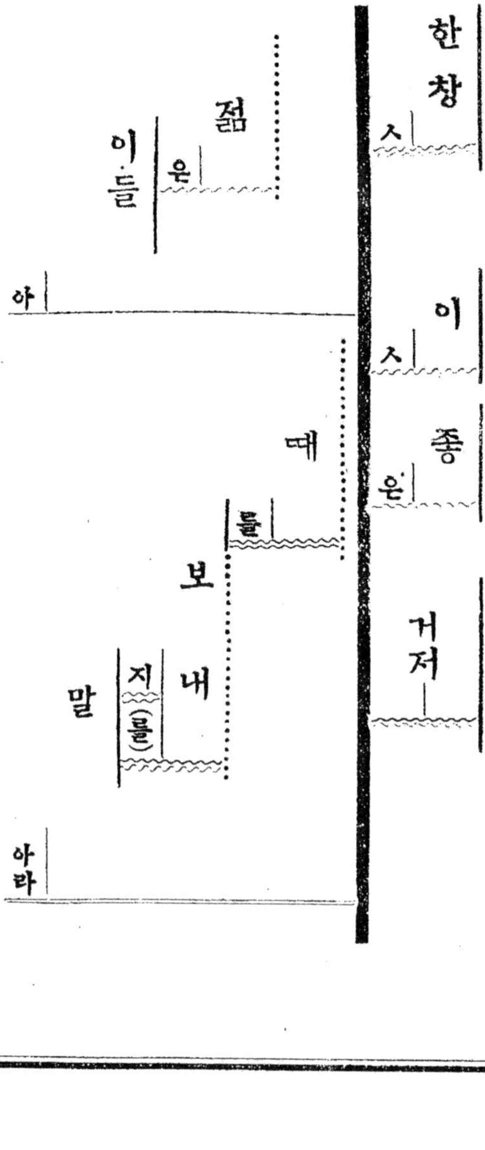

홋월다섯재보기

ㄱ,「졈은이들」은임자몸인데「졈은」은「이」의딸림(곳그림딸림)이요「들」은「이」의뜻바꿈(곳임씨의뜻바꿈)이니매임넛임(關係代名詞)은제홀로는쓰이지못하므로그딸림감과어우르어한덩이임씨(名詞)와갈이쓰이나니라

ㄴ,「때를보내지말」은풀이몸인데「때를」은남움「보내」의덩이매임이요「보내지」는또남움「말」의덩이매임이니「지」알에(를)은이말에는없으나쓸때도있음을보임이니라남움뿐아니라절언(不完全形容詞)이든지절움(不完全動詞)이든지다그덩이매임과어우르어한덩이얻씨(形容詞)나또는움씨(動詞)와갈이쓰이나니라

ㄷ,세로긋은점줄은이를없는것과갈이녀기어그옳은쪽줄넘에있는붙음감들을바로(直接)대어보라는뜻이라

다섯재보기 가루와물이반죽이되엇다(임자(곳임자)풀이(한옮씨와갈이된덩이이)

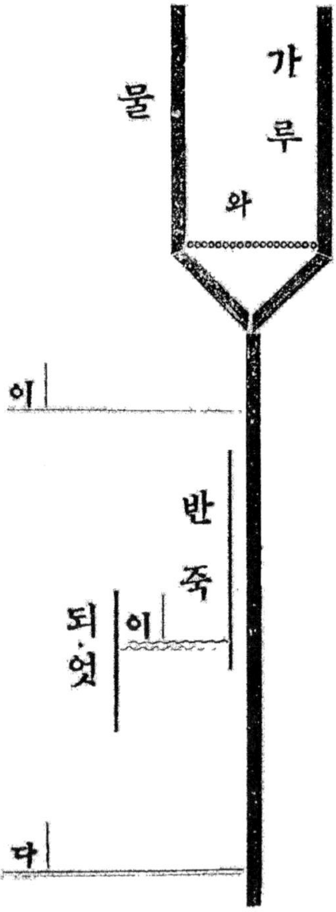

ㄱ「가루와물이」는임자감인데「가루」와「물」은「와」가같은값으로잇은까닭에같은값을가진임자감이니라

ㄴ「반죽이되엇다」는풀이감인데「반죽이」는절움「되」의뎡이매임이요「엇」은「되」의뜻바꿈(꾸움씨의 때뜻바꿈)이니라

ㄷ「가로긋은고리줄은잇는뜻을보임이요세로긋은굵은줄을우에두가지로난호아그림은임자가둘임을보임이니라

홋월여섯재보기

여섯재보기 꽃과잎이븕고푸르고나(임자 못임자 풀이 못풀미)

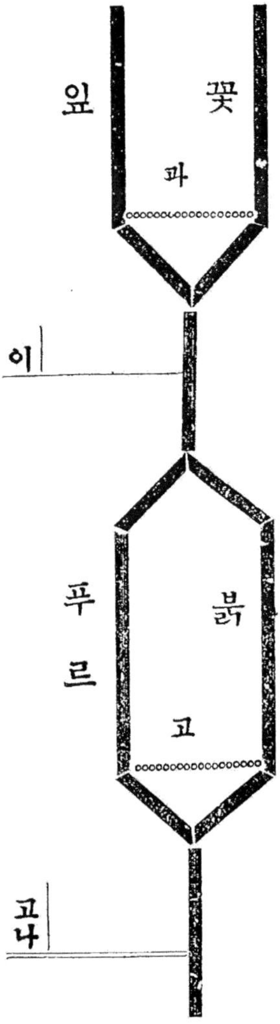

ㄱ「꽃과잎이」는임자감이니라

ㄴ「븕고푸르고나」는풀이감이니라

ㄷ세로긋은굵은줄을난호앗다가다시어우름은한덩이되는뜻을보임이니이를터면임자빛「이」는꽃에불어「꽃이」도되고「잎」에불어「잎이」도되며풀이빛「고나」는「븕」에불어「븕고나」도되고「푸르」에불어「푸르고나」도되나니라

홋월일곱재보기

일곱재보기 사랑이어떠냐둥글더냐모지더냐 (임자、

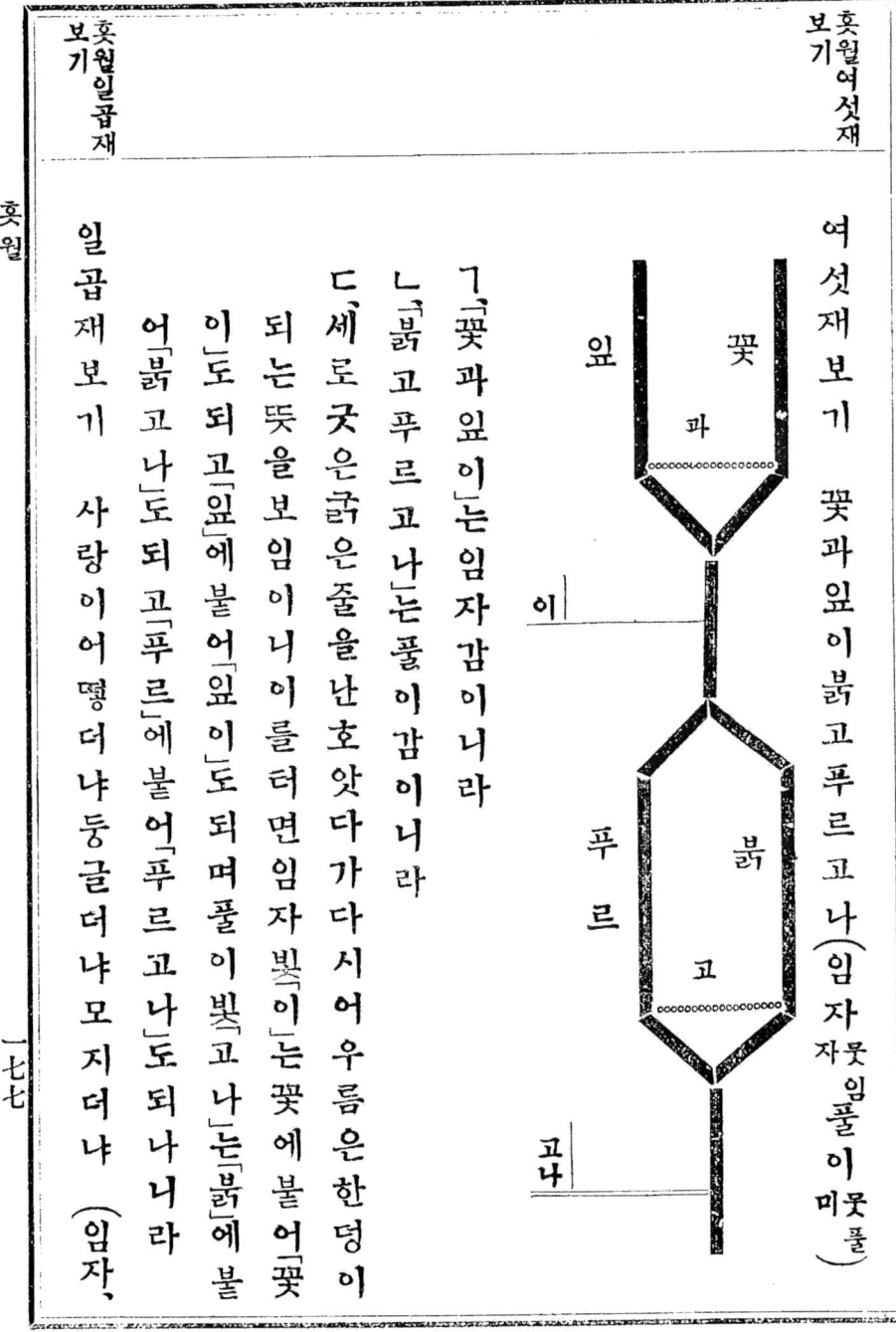

풀이 (이뭇풀)

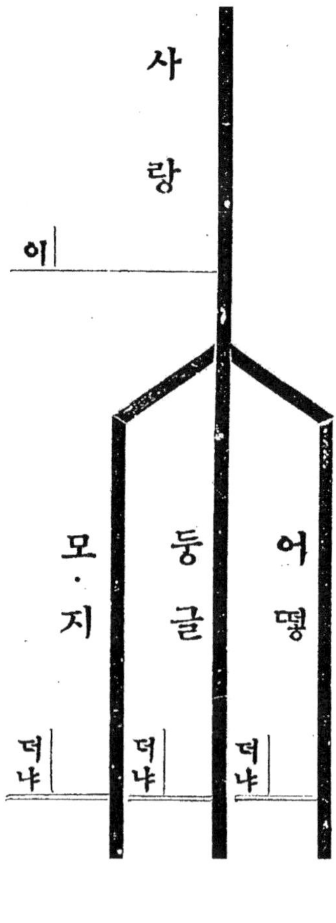

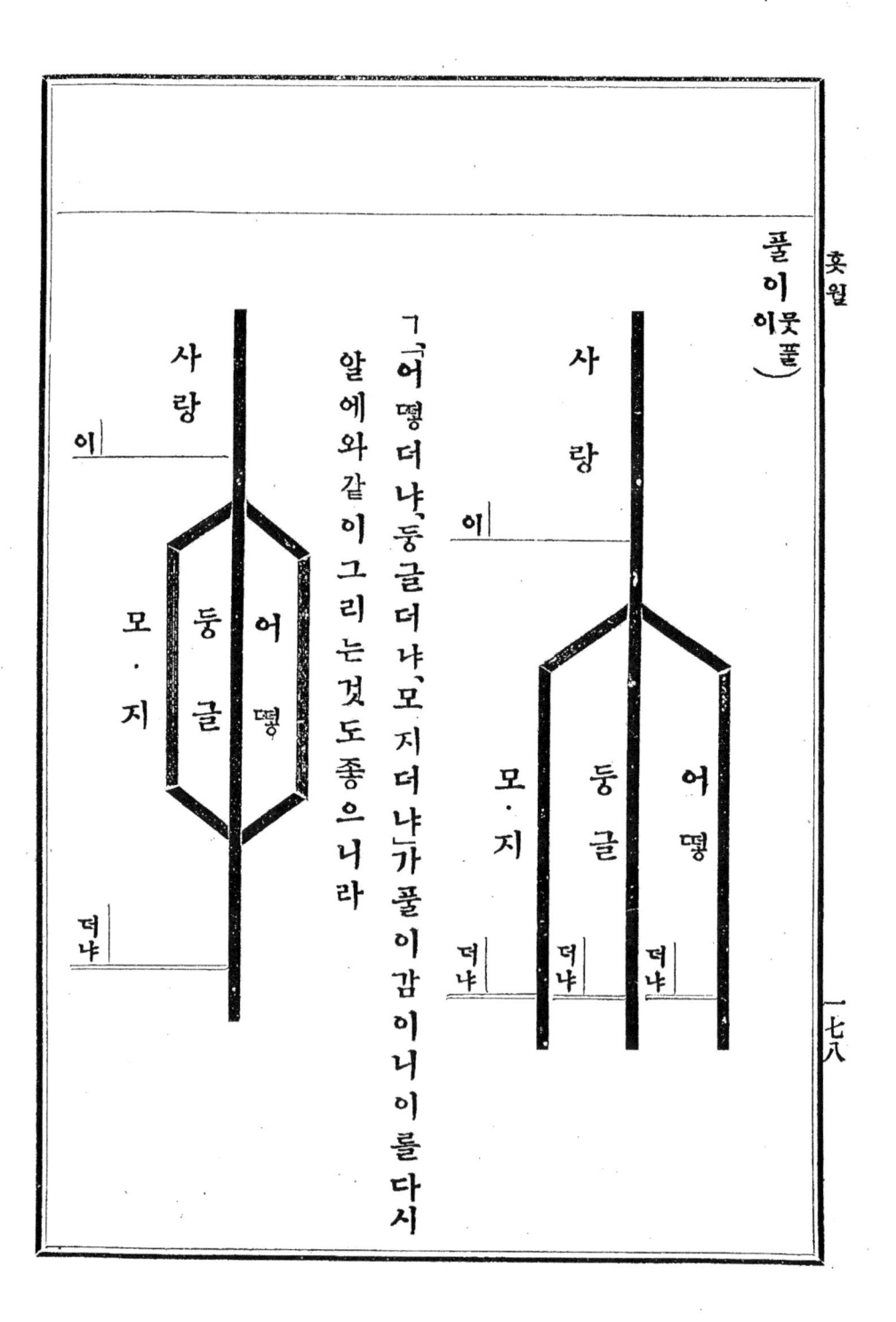

「어떵더냐,둥글더냐,모지더냐」가 풀이감이니 이를 다시 알에와 같이 그리는 것도 좋으니라

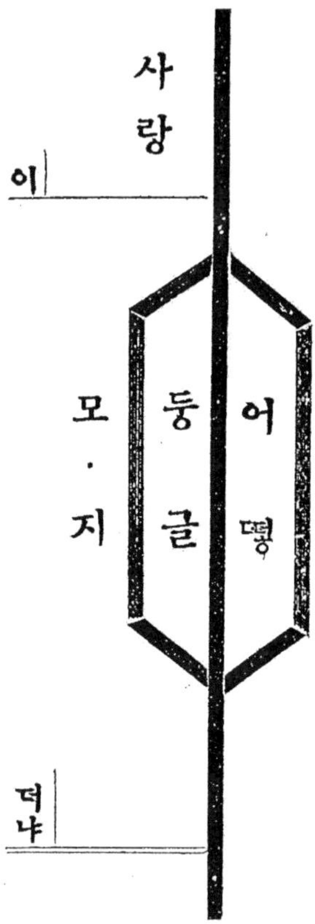

ㄴ、「더냐」도하나만가지고「어명」와「둥글」과「모지」들에다트어通하 씀이니라

여들재보기 함부로쓰면돌이혀지걸을받으리라 (매임、풀이 입자와덩이매임을줄인것)

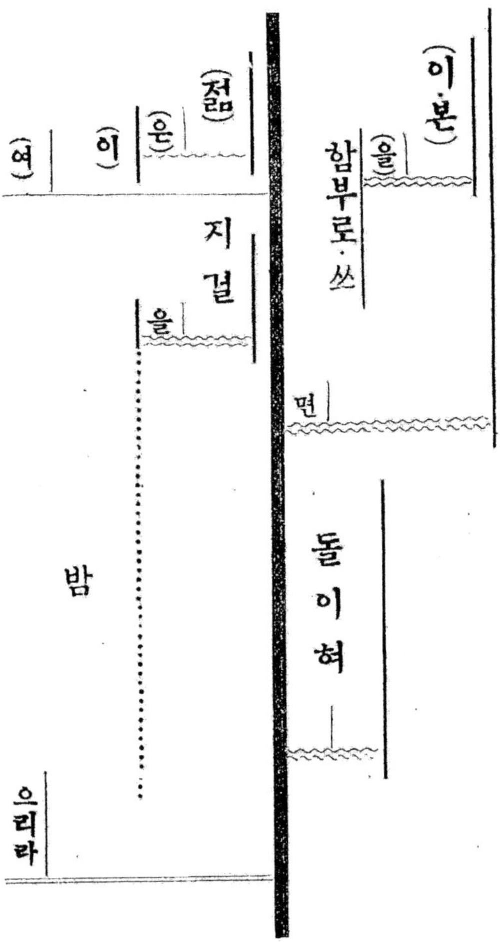

ㄱ、「젊은이여」는이말에없으나숨어있어임자감이되는

것을보임이니라

ㄴ,「지결을받으리라」는풀이감인데「쓰면」과「돌이혀」는움씨「받의깁음매임이므로지결옆에쓰지아니하고「받」옆에만쓰엿노라

ㄷ,「(이본을)」은이말에없으나숨어있어남움「쓰」의덩이매임되는것을보임이니라

ㄹ,「함부로」는억씨로남움「쓰」와어우르어한덩이움씨와같이쓰이나니라

아홉재보기　무겁을벗은맑은맘이가을하늘에달과같도다(딸림,임자,매임,풀이 그림,딸림을줄인것)

무겁 ‖ 을 ‖ 벗 | 맑 | 가을·하늘 ‖ 에 ‖ (돌)

홋월 열재보기

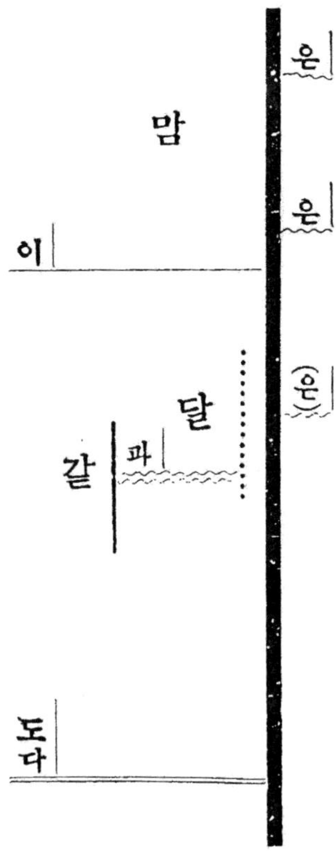

ㄱ,「맘이」는임자감이니라

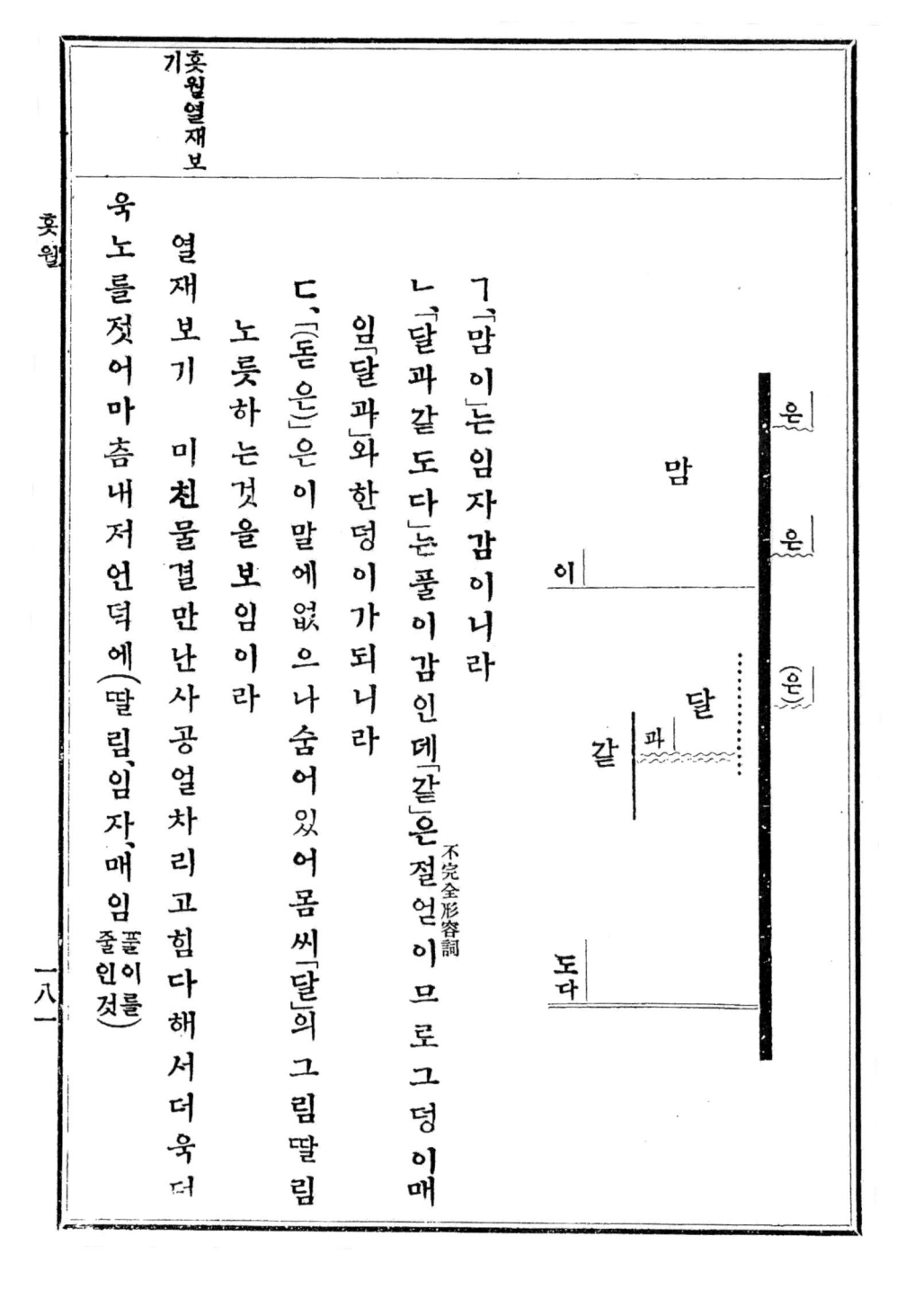

ㄴ,「달과같도다」는풀이감인데「같」은절언(不完全形容詞)이므로그덩이매임「달과」와한덩이가되니라

ㄷ,「(돋은)」은이말에없으나숨어있어몸씨「달」의그림딸림노릇하는것을보임이라

열재보기 미친물결만난사공얼차리고힘다해서더욱더욱노를젓어마츰내저언덕에(딸림,임자,매임 풀이를 줄인것)

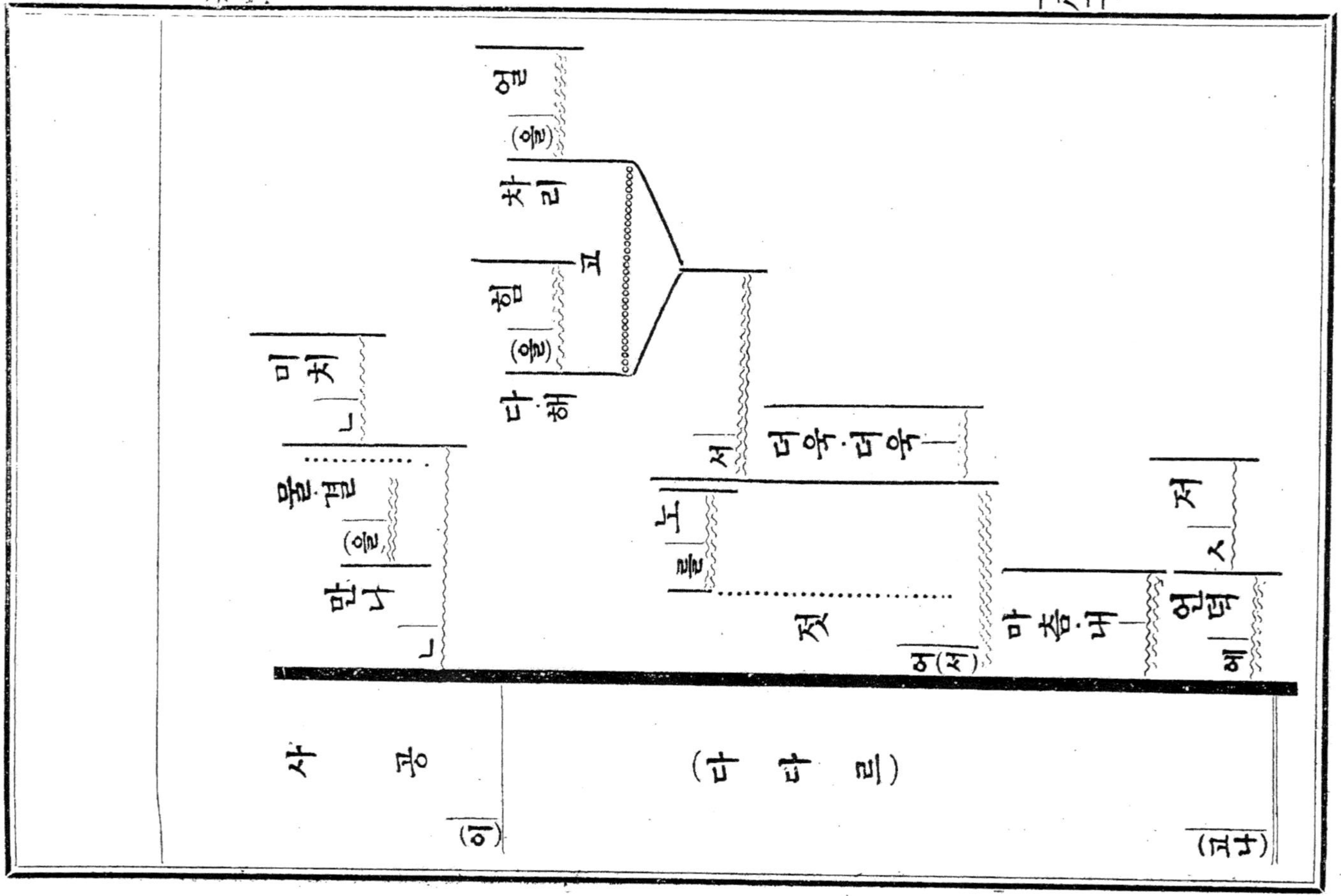
사 공
(이)
(다 다 르)
(고나)
ㄴ
만나
(을)
물·결
ㄴ
미 치
열
(을)
차 리
고
힘
(을)
다·하
서
더욱·더욱
노
를
젓
어(서)
마 충·내
엳 뎍
에
ㅅ
저

ㄱ「사공」은임자몸인데「(이)」는숨어있음을보임이니라

ㄴ(다다르「고나)」는이말에없으나숨어있어풀이감되는것을보임이니무릇(　)보람을둔것은다숨어있는것을보임이니라

ㄷ「젓어(서)」는「다다르」기를어떻게하여서한것을말함이요「마츰내」는「다다르」는때를말함이요「언덕에」는「다다르」는곧을말함이므로매임이요풀이는아니니라

ㄹ「열(을)차리고힘(을)다해서」는「젓」기를어떻게하여가지고함을말함이니라「서」는「어서」가될것인데「하여」를흙이바꾸어서「해」라고하는까닭이요「더욱더욱」은어떻게젓음을말함이니라

ㅁ「만난」은사공의어떻게됨을말함이요「물결」은「만난」의그만난것이무엇임을말함이요「미친」은「물결」의어떻게되

는것을말함이니라

(이밖에도여러가지홋월이있으나다이로밀우어풀지니라)

(홋월의힘)알에벌이어적은여러말을그림으로풀어밝게말하라

자는범코침주기

곯는국에맛모른다

살진놈딸아붓는다

개살구질에트어진다

석재베것에열새바느질이라

비지먹은배에연약과도싫다

왼바다물을다먹어야짜나

강철이간대는가을도봄이라

떡방아소리듣고김치국찾는다
외할미의떡이라도싸아야사아먹는다
빗보죵하는자식은낳지도말라
한어머니색기도오롱이조롱이라
부뚜막에소곰도집어넣어야짜다
급하기는우물에숙늉달라겟네
고솜도치제색기함함하다고한다
잘자랄나무는떡잎붙어앏다
한날한시에난손가락도길고짜르고하다
재벽달보자고초저녁붙어나앉는다
자라게놀란놈이솟뚜에보고놀란다
닭쫒던개는집웅이나치어다보지

둘재 重文 줄월

줄월첫재보기

줄월은둘로붙어둘더되는홀로마디들이서로줄달아이루인월을이름이니알에보기를들고그뜻을그림으로풀어말하노라

첫재보기 거룩한사람은누구며나는누구냐(임씨로풀이가된것)

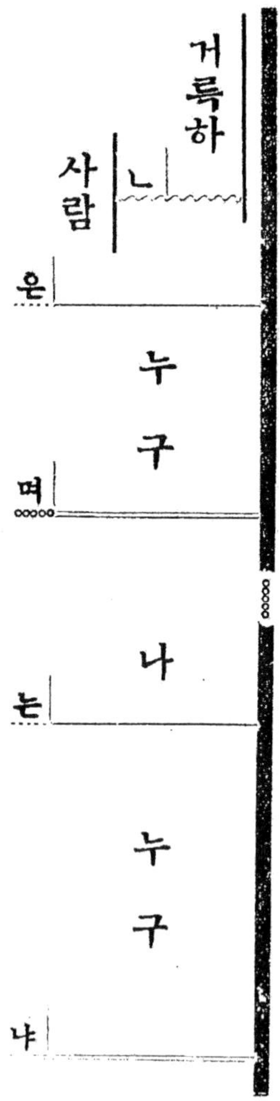

ㄱ「거룩한사람은」과「나는」은임자감이요「누구냐」는풀이감인데「며」는마디를잇는김에또임씨「누구」도잇나니라

ㄴ, 이러한월에그홀로마디는바꾸어도뜻이한가지니이를더면「나는누구며거룩한사람은누구냐」라하여도그

줄월둘재보기

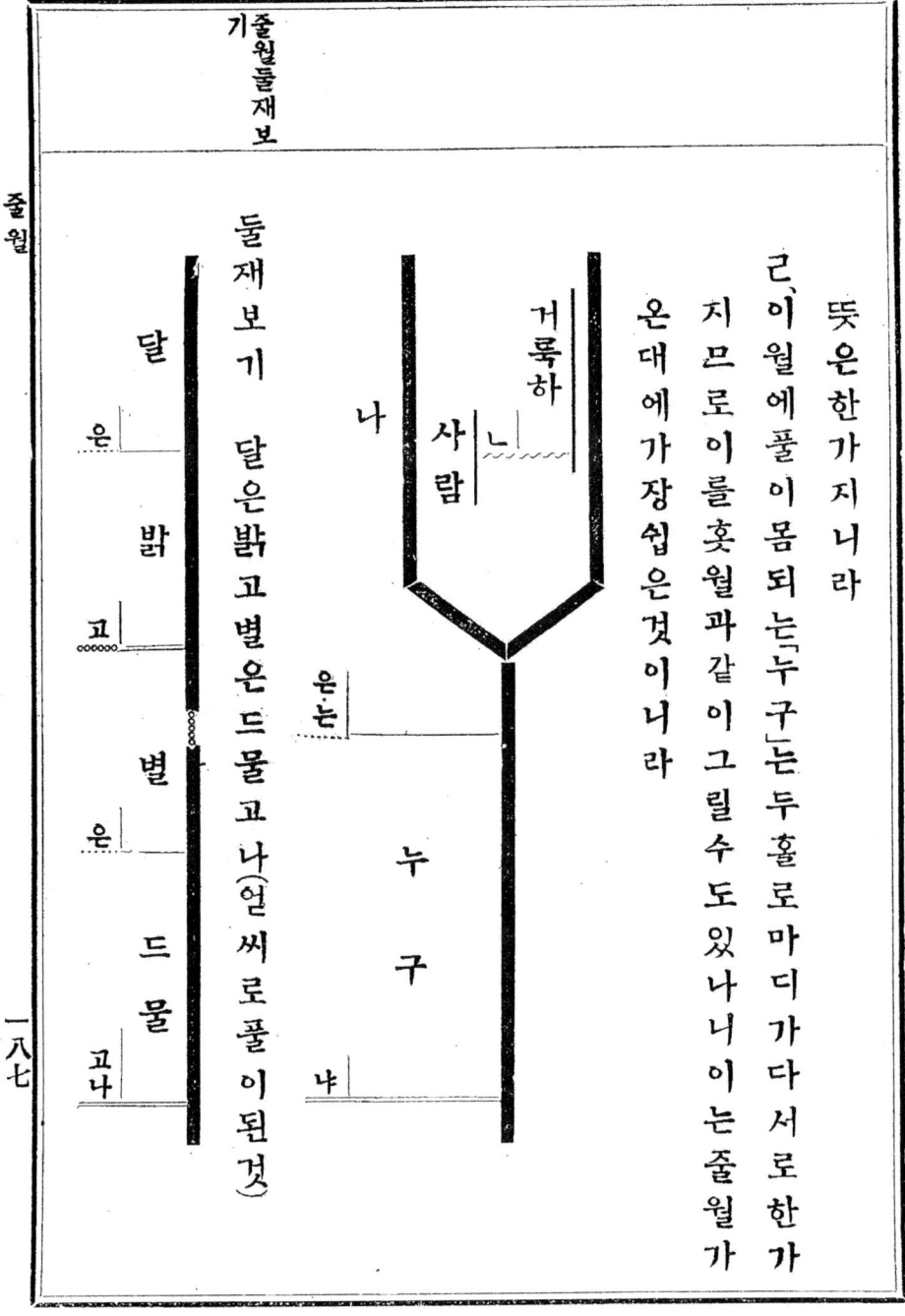

뜻은한가지니라
근, 이월에풀이몸되는「누구」는두홀로마디가다서로한가
지므로이를혹월과같이그릴수도있나니이는줄월가
온대에가장쉽은것이니라

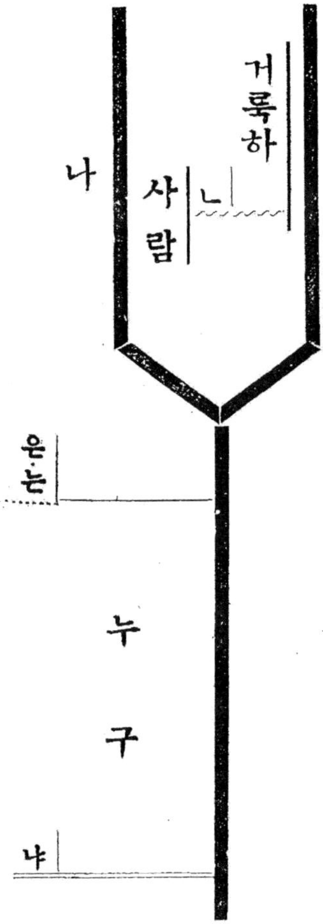

둘재보기 달은밝고별은드물고나(얼씨로풀이된것)

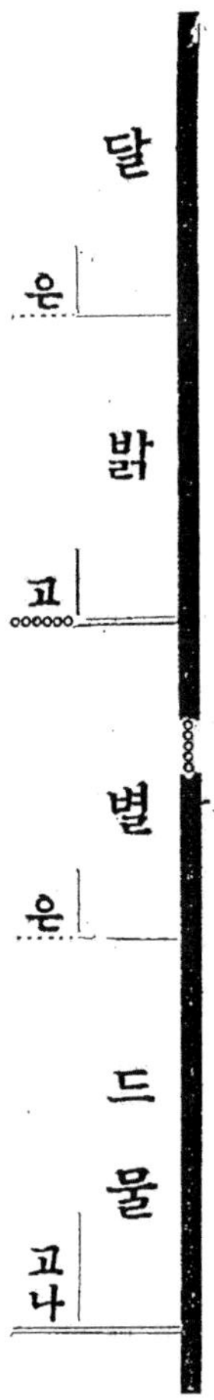

ㄱ,「달은」과「별은」은 임자감이요「밝고」와「드물고 나」는 풀이감인데「고」는 마디를 잇는 김에 또 언씨「밝」과「드물」을 잇나니라

ㄴ, 이월도 그 마디를 바꾸어서「별은 드물고 달은 밝다」라고 하여도 그 뜻은 한가지니라

셋재보기 미친바람이 한참 불더니 굿은비가 또 오노나(움씨로 풀이된것)

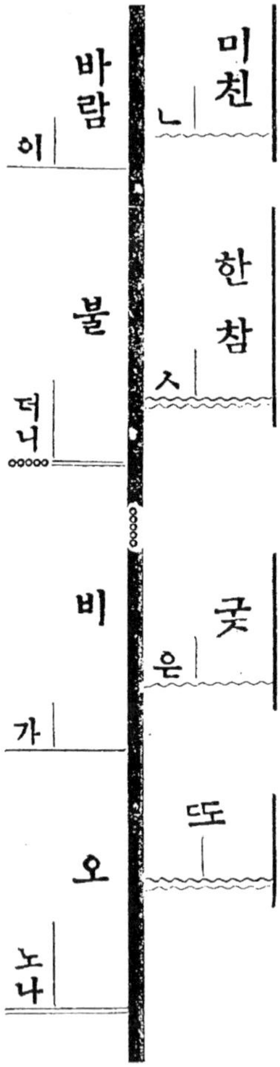

ㄱ,「바람이」와「비가」는 임자감이요「불더니」와「오노나」는 풀이감인데「더니」는 마디를 잇는 김에 또 움씨「불」과「오」를 잇나니

니라

ㄴ, 이월은그마디를바꾸면뜻이바꾸이나니이는그잇도「더니」가바람불기는몬저하고비오기는나종함을뜻함이니라

넷재보기　바람은잠작하고달은솟아오르노나(얻씨로풀이된마디와움씨로풀이된마디를잇은것)

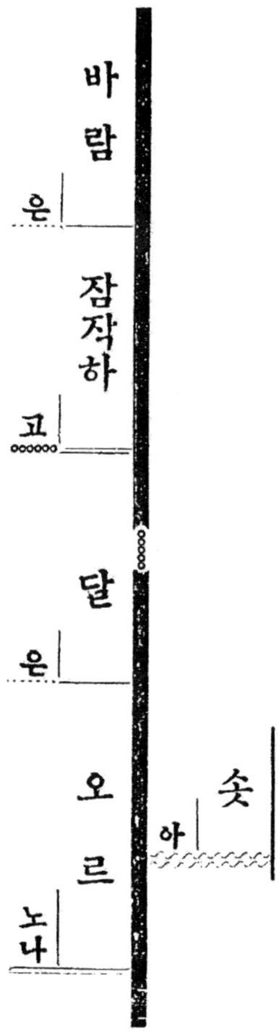

ㄱ, 「바람은」과「달은」은임자감이요「잠작하고」와「오르노나」는풀이감인데「고」는마디를잇는것이요얻씨「잠작하」와움씨「오르」를잇는것은아니니라

ㄴ、이월도그마디를바꾸어도그뜻은아니바꾸이나니라
(줄월은그홑로마디들을한홋월과갈이보고이를밀우어풀면쉽으니라)

(줄월의힘)알에벌이어적은여러말을그림으로풀어밝게말하라

쇠가쇠를먹고살이살을먹는다
문바른집은쓰어도입바른집은못쓴다
콩심은대콩나고팟심은대팟난다
낫말은새가듣고밤말은쥐가듣는다
눈멂닷이나하지개천나무라무엇하나
열길물속은알아도한길사람속은모른다
시시덕이는재를넘어도재침덕이는골로빠진다
친사람은다리를옥으리고자고맞은사람은다리를뻗고

겹월첫재보기

잔다
부지런한사람에게는때가밀리고게른사람에게는일이
말리나니라
부지런한사람에게는늘남은힘이있고게른사람에게는
늘아쥭못한일이있나니라
하늘에는별이있고나무에는꽃이있고사람에는웃음이
있는도다

셋재 겹월(複文)

겹월은조각마디를갖혼월들을이름이니알에보기를들고
그뜻을그림으로풀어말하노라

첫재보기 매암이는소리가맑다(조각마디가풀이된것)

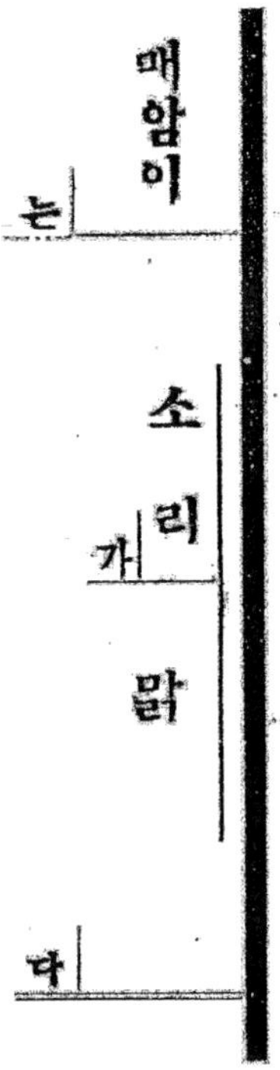

겹월둘재보기

ㄱ「소리가」는 임자감이요「맑」은 풀이몸이니라

ㄴ「소리가 맑」은 풀이몸이요「소리가 맑다」는 풀이감인데「매암이 는」은 또 그것의 임자감이니라

둘재보기 글배기가 그렁게 어렵으냐(숨은조각마디가 임자된것)

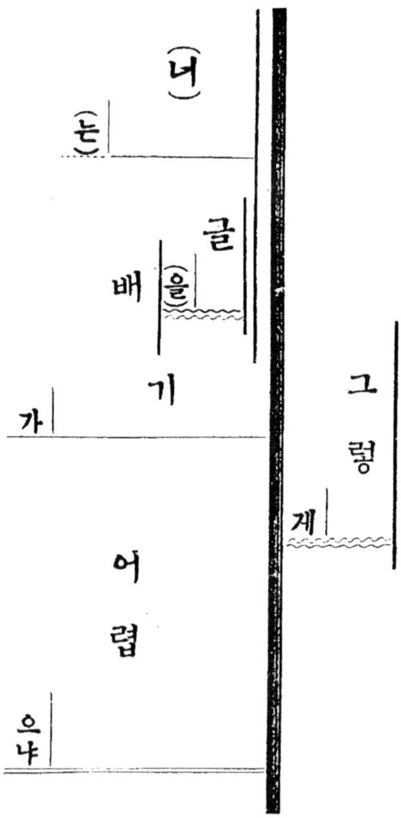

ㄱ「너는」은 이말에 없으나 숨어있어 임자감이되고 「글(을)

배」는풀이몸인데「기」는움씨「배」를임씨로바꾸이개하는 김에또「(너 는)글(을)배」의마디를한임씨와같이만들고이 에임자빛「가」를더하여임자감이되게하니라

ㄴ.「어렵으냐」는이마디임자의풀이니라

(겹월도그조각마디를한홋월과같이보고이를밀우어 풀면쉽으니라)

(겹월의힘)알에벌이어적은여러말들을그림으로풀어밝게 말하라

뜻이굳기가쇠보다단단하오

못먹는씨아(去核機)가소리만난다

번어가는츩도끝이있지

도적이발이저린다

히기는까치배바닥이다

덧월첫재보기

사랑이따뜻하기가봄날보다더하오
꽃이떨어짐은바람의탓이아니로다
안되는놈은잡아지어도코가깨어진다
부지런한사람은못이룰일이적으리라
걸움이많음은심기를잘한까닭이니라
우리글은쉽게배호아가지고크게쓸수가있나니라
좋은살이를만들어내기에더전되겠는우리글이여네힘이참거룩하도다

넷재 덧월

덧월은붙음마디와으뜸마디를갖흔월들을이름이니알에 보기를들고그뜻을그림으로풀어말하노라

첫재보기 뜻이굳은사람은어렵음을넉넉이견대나니라
(얻씨풀이를둔딸림마디있는것)

덧웝둘재보기

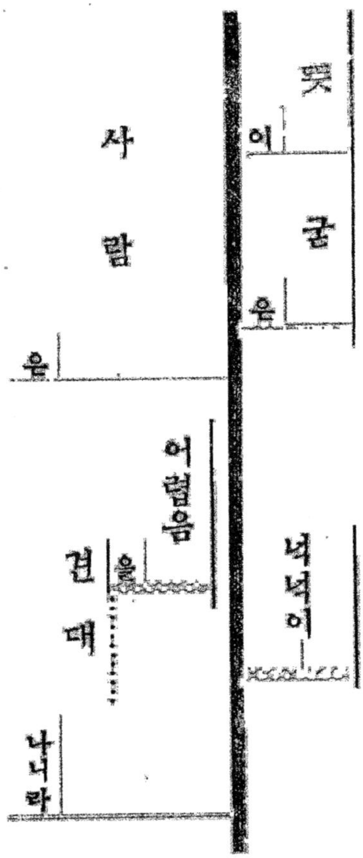

ㄱ「뜻이」는임자감이요「굶」은풀이몸인데「은」이들어서「뜻이 굶」을딸림마디가되게하나니라

ㄴ「사람은」은어월의임자감이요「어렵음을견대나니라」는 풀이감인데「넉넉이」는움씨「견대」의억이니라

둘재보기　법이있는수풀은깊으니라(움씨풀이를둔딸ㄱ 마디있는것)

범 이 있 는

수 풀 은 깊 으니라

ㄱ「범이」는 임자감이요「있」은 풀이몸인데「는」이 들어서「범이 있」을 딸림마디되게하니라

ㄴ「수풀은」은 이월의 임자감이요「깊으니라」는 풀이감이니라

셋재보기 발빠르게걸어라(얻씨풀이를둔매임마디있는것)

사 (ㅅ) 걸 어라

발 이 빠르 게

덧월셋재보기

덧월넷재보기

ㄱ「발(이)」는 임자감이요「빠르」는 풀이몸인데「게」가 들어서 매
임마디가 되게 하니라
ㄴ「걸어라」는 이월의 풀이감이요 그 임자는 숨어있나니라
넷재보기 갈이잘들도록갈아라(움씨풀이를둔매임마디
있는것)

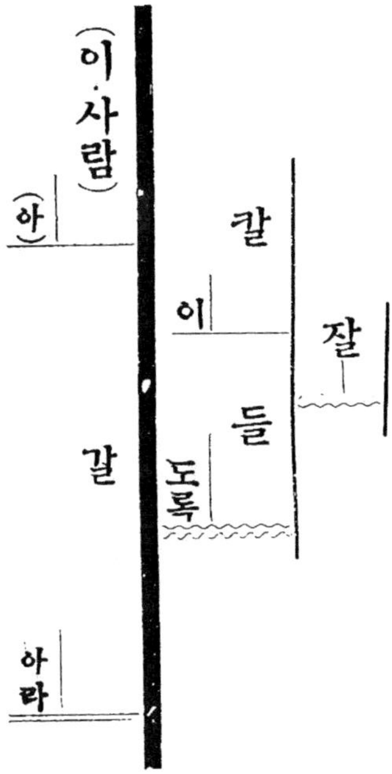

ㄱ「갈이」는 임자감이요「들」은 풀이몸인데「도록」이 들어서 매
임마디가 되게한것이요「잘」은 움씨「들」의 억이니라
ㄴ「(이사람아)」는 이말에 없으나 숨어있어 이월의 임자감이

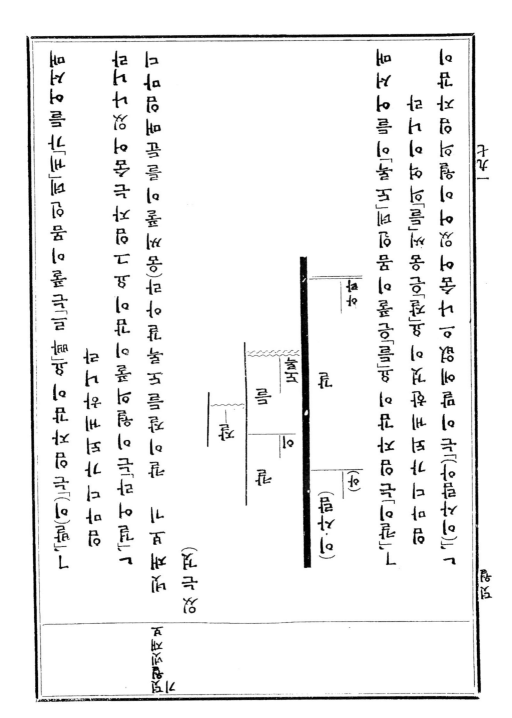

되는것이요「갈아라」는그풀이감이니라

(덧걸의힘)알에벌이어적은여러말을그림으로풀어밝게말하라

발없는말이쳔리(千里)간다

말많은집은장도쓰다

콩을팟이라하여도곧이듣는다

구슬이서말이라도꿰어야보배지

개같이벌어정승같이먹는다

나룻이석자라도먹어야영감이라

거동길닦아놓으니깍장이가지나간다

손톱발톱이제치어지도록벌어먹인다

상전의빨래를하여도발뒤축이히다

네담이아니면내소뿔이불어지엇겟느냐

다섯재 모월(混文)

모월은 줄마디를다시홀로마디나조각마디나붙음마디나으뜸마디로삼든지 겹마디를다시홀로마디나조각마디나붙음마디나으뜸마디로삼든지 덧마디를다시홀로마디나조각마디나붙음마디나으뜸마디로삼은여러가지월들을다이름이니알에보기를들고그뜻을그림으로풀어말하노라

모월의짜

거듭마디가 / 홋마디노릇함	홀로	조각		붙음	
		임자	풀이	딸림	매임
줄					
겹 임자					
겹 풀이					
덧 딸림					
덧 매임					

모월 첫재보기

임	
으뜸	
등걸	줄기

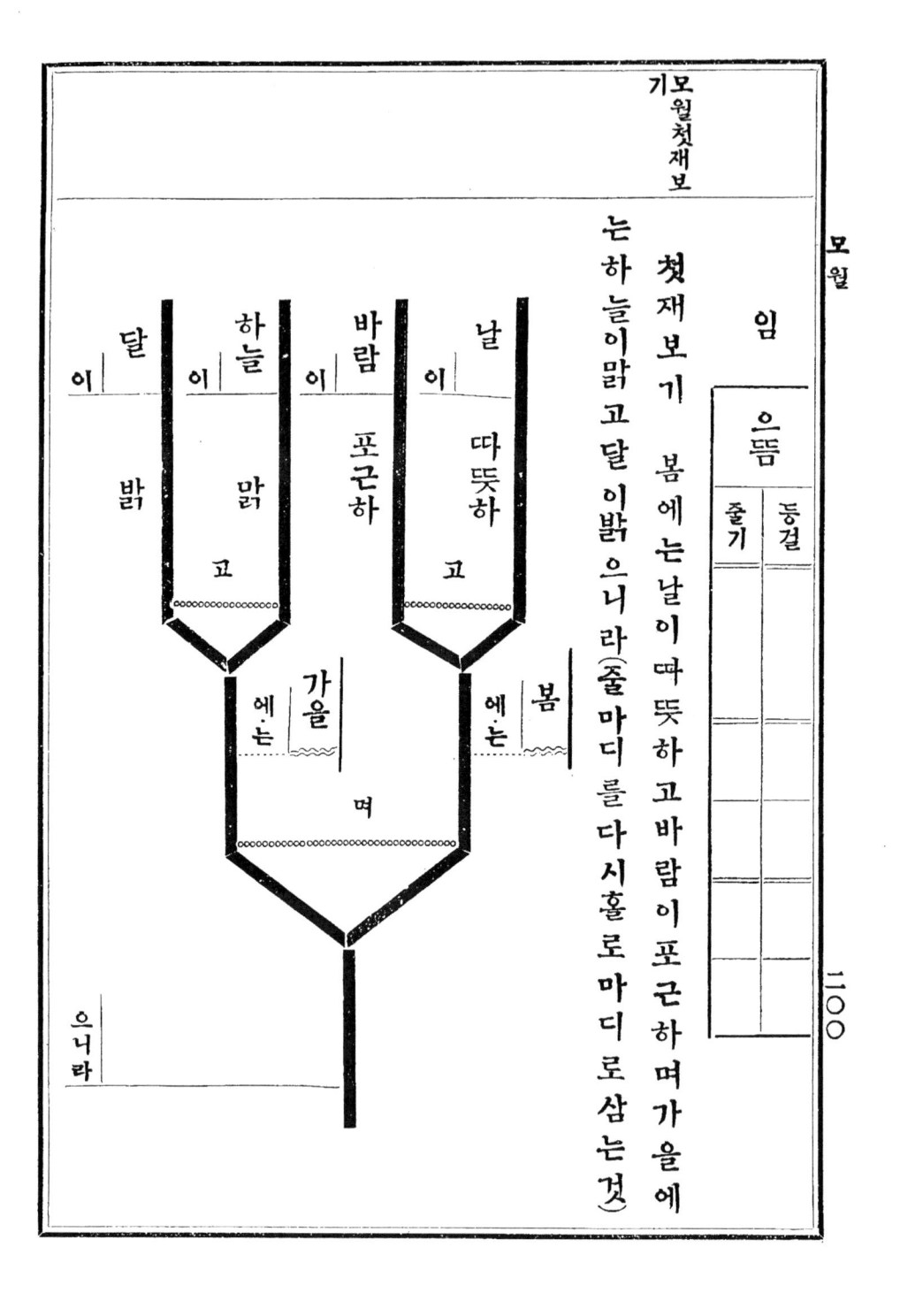

첫재보기 봄에는 날이 따뜻하고 바람이 포근하며 가을에는 하늘이 맑고 달이 밝으니라(줄마디를 다시 홑로마디로 삼는것)

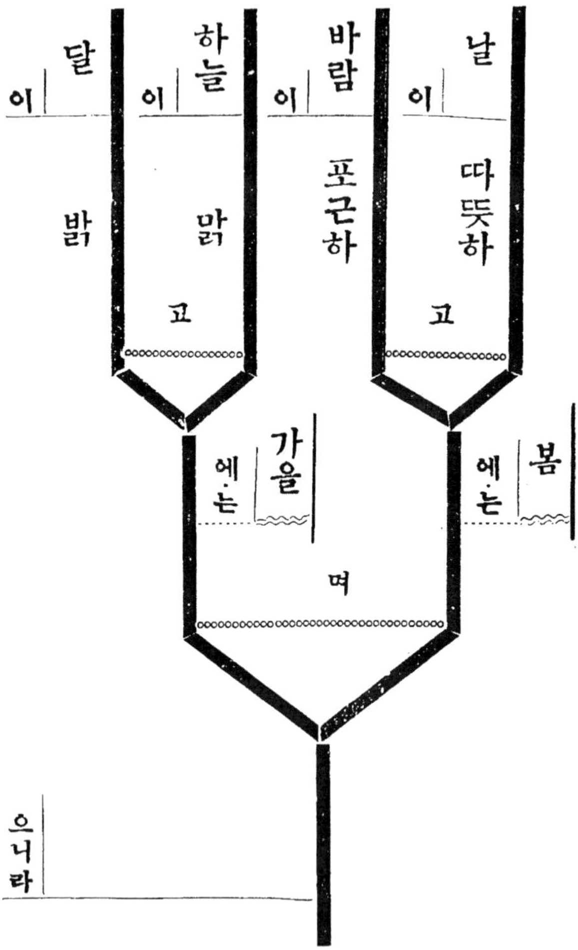

ㄱ「날이따뜻하」와「바람이포근하」는홀로마딘데「고」로잇어
한줄마디로삼으니라

ㄴ「하늘이맑」과「달이밝」은홀로마딘데「고」로잇어한줄마디
로삼으니라

ㄷ, 이두줄마디를「며」로잇어다시홀로마디로삼으니라

(모월의힘첫재)알에적은말을그림으로풀어밝게말하라
물고기는헴치고새는날며짐승은긔고사람은것는도다

둘재보기 힘도세고슬기도많기는어렵으니라(줄마디를
다시조각마디로삼은것)

힘 도 세
고
슬기 도 많
기
는
어렵
으니라

ㄱ「힘도세」와「슬기도많」두홀로마디를「고」로잇고「기」로 이를

한엽에와갈이만들고[혼 자 여엽자감이며 한것

니라

[어렵으니라]는큰풀이니이를알 이그 것

좋으니라

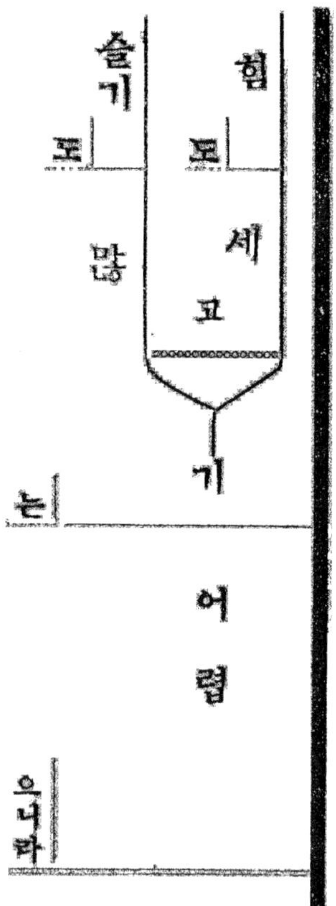

(모월의힘둘재)알에벌이어적은말들을그림으로풀어밝

말하라

알음이적고짓이어리석음은잘배호지못한까닭이니라

그몇은송이가크고빛이곱고나

셋재보기 바람은불고눈은헐어지는데벗은길을뜨어나
는고나(줄마디를다시불음마디로삼은것)

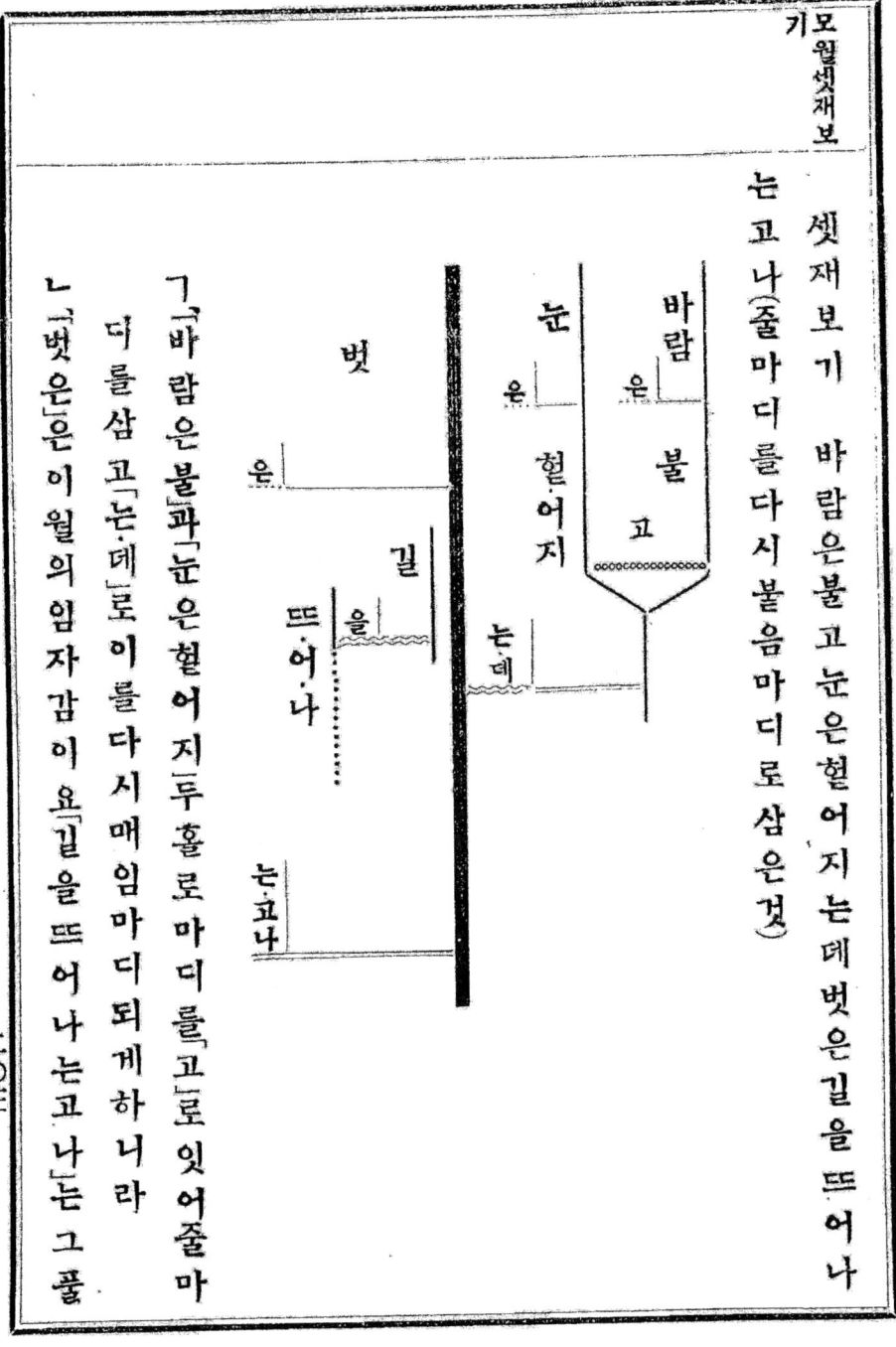

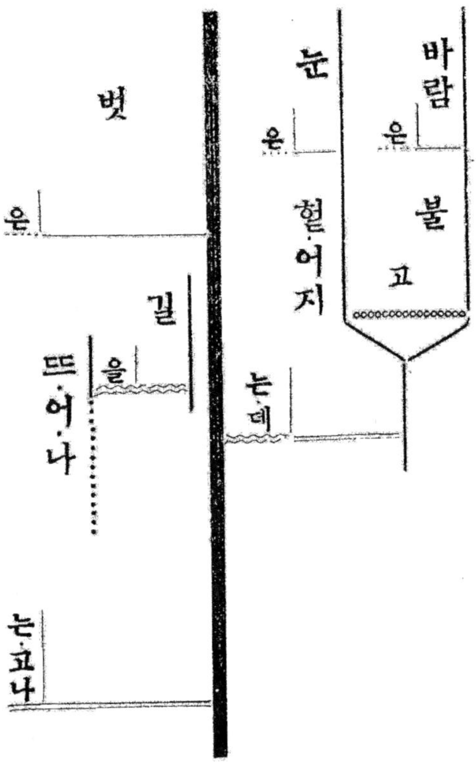

ㄱ「바람은불」과「눈은헐어지」두홀로마디를「고」로잇어줄마
디를삼고「는·데」로이를다시매임마디되게하니라
ㄴ「벗은」은이월의임자감이요「길을뜨어나는고나」는그풀

모월넷재보기

이감이니라

(모월의힘셋재)알에벌이어적은말들을그림으로풀어밝게 말하라

목길고이마붉은두룸이가울며날아가오

뫼가아름답고물이맑으니맘이깃브오

넷재보기 뿌리가튼튼하면꽃도좋고열음도많으리라(줄마디를다시으뜸마디로삼은것)

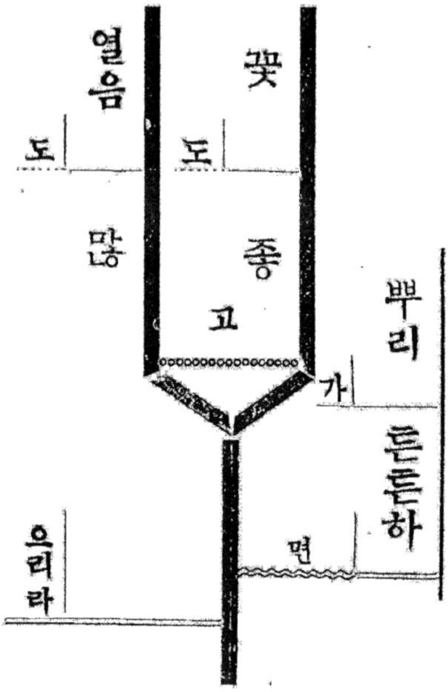

모월다섯재보기

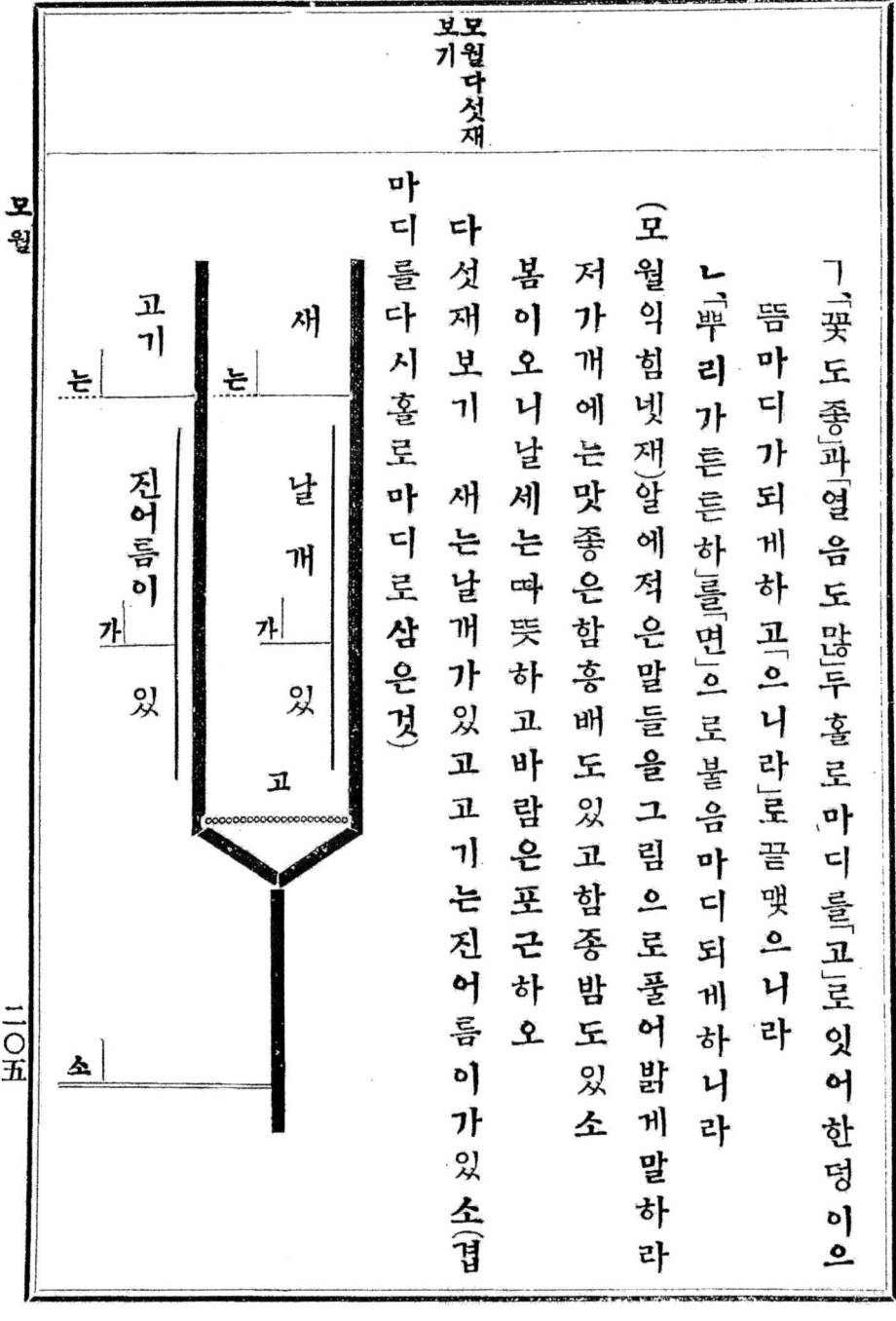

ㄱ「꽃도좋」과「열음도많」두홀로마디를「고」로잇어한덩이으뜸마디가되게하고「으니라」로끝맺으니라

ㄴ「뿌리가튼튼하」를「면」으로불음마디되게하니라

(모월의힘넷재)알에적은말들을그림으로풀어밝게말하라

저가개에는맛좋은함흥배도있고함종밤도있소

봄이오니날세는따뜻하고바람은포근하오

다섯재보기 새는날개가있고고기는진어름이가있소(겹마디를다시홀로마디로삼은것)

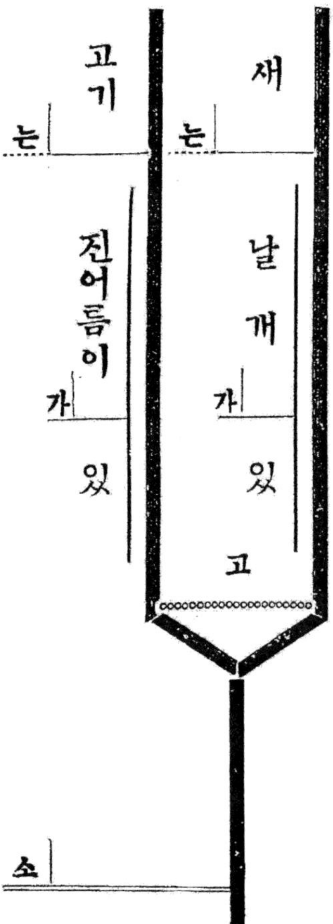

ㄱ「새는」은임자감이요「날개가있」은마디풀이몸인데「날개
가」는이조각마디의임자감이요「있」은이풀이몸이니라
ㄴ「고기는」은임자감이요「진어름이가있」은마디풀이몸인
데「진어름이가」는이조각마디의임자감이요「있」은이풀
이몸이니라
ㄷ「새는날개가있」과「고기는진어름이가있」두마디는조각
마디를풀이로삼은것인데「고」로잇고「소」로끝맺으니라
(모월익힘다섯재)알에별이어적은말들을그림으로풀어밝
게말하라
꽃이있음은열음의비롯이요웃음이있음은질김의보람
이니라
나무는꽃이있고사람은웃음이있도다
여섯재보기 옳은일이이룸있기가쉽으니라(겹마디를다

모월여섯재
보기

시조각마디로삼은것)

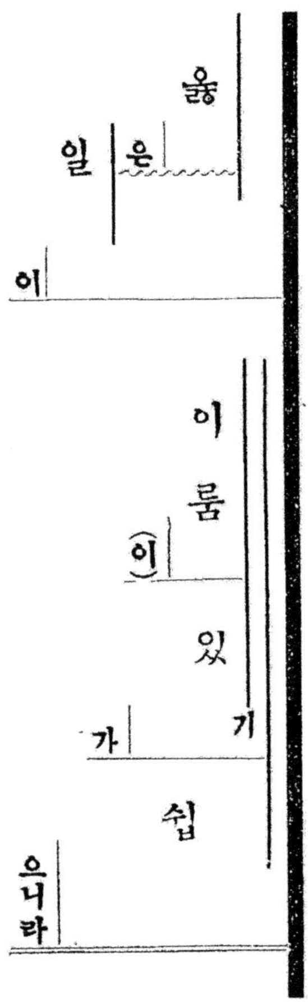

ㄱ「이룸(이)있」은조각마디요「이룸이있기가쉽」은겹마디니라

ㄴ「옳은일이」는임자감이니라

ㄷ「이룸이있기가쉽」은「옳은일이」의풀이감노릇을하므로곳겹마디가다시조각마디된것이니라

(모월의힘여섯재)알에벌이어적은여러말을그림으로풀어밝게말하라

모월일곱재 보기

이룸이있기가쉽기는저일이니라

풀버레가빛이푸름은몸을숨기고저함이니라

그사람은이일에뜻이없기가쉽으리라

짐승은수놈이옷이좋소

일곱재보기 땅덩이가목숨이있기까지꽃답은이름이ᄒ르리로다(겹마디를다시붙음마디로삼은것)

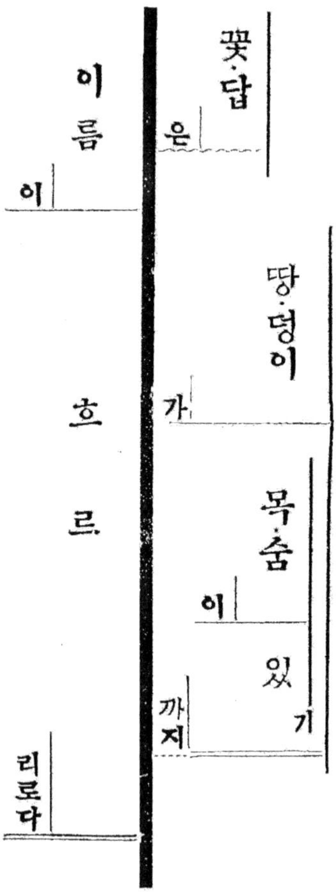

ㄱ「땅덩이가」는임자감이요「목숨이있」은마디풀이몸인데

모월여들재보기

「목숨이」는이조각마디의임자감이요「있」은이풀이몸인
데돕음겻까지」를더하여움씨「흐르」의매임마디가되게
하니라

ㄴ「이름이」는이으뜸마디의임자감인데「꽃·답은」은그림딸
림이요「흐르리로다」는으뜸마디의풀이감이니라

(모월의힘일곱재)알에벌이어적은여러말을그림으로풀어
밝게말하라

그말에불나기, 쉽은, 관솔나무집이많소
여럿이손맞은이일이어찌잘되지아니하리요
그손님이오시기쉽은데어대로나가십니까
떡줄사람은맘도없는데짐치국불어몬저마신다

여들재보기 그사람은참이있으므로말이적으니라(겹마
디를다시으뜸마디로삼은것)

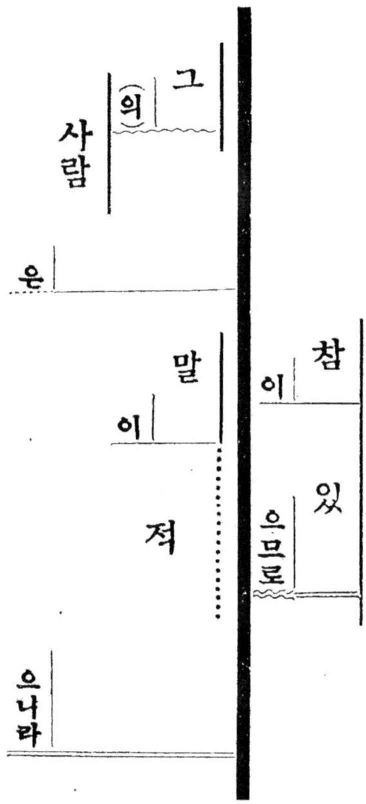

ㄱ、「참이」는임자감이요「있」은풀이몸인데「으므로」가들어서
이를얻씨「적」의매임마디가되게하니라

ㄴ、「그사람은」은으뜸마디의임자감이요「말이적으니라」는
으뜸마디의마디풀이니라

(모월의힘여들재)알에벌이어적은여러말을그림으로풀어
밝게말하라

몸이든든한그이가앓기는웬일이냐

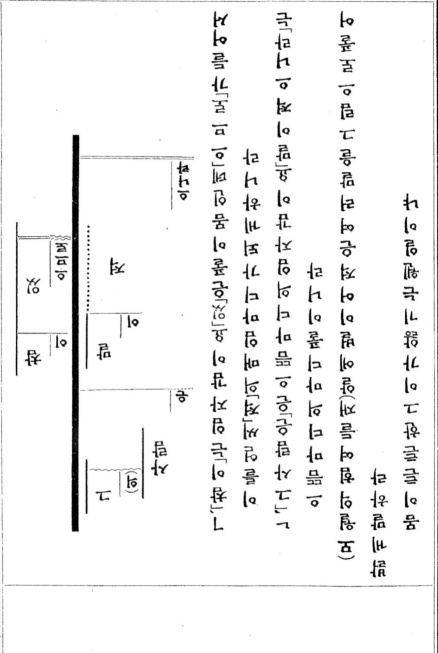

모월아홉재 보기

참이적은그사람이말은쉽으니라
길이넓으니수레가굴어가기가좋다
네가알(誠)을쓰면그이가맘이돌리리라
아홉재보기 말이쉽은저런사람도있고뜻이굳은이런사람도있고나(덧마디를다시홀로마디로삼은것)

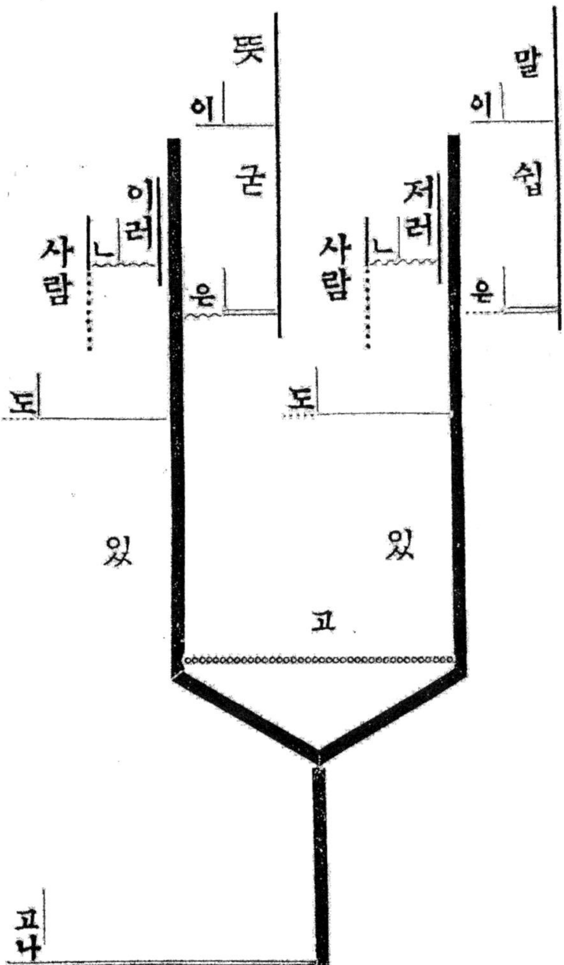

모월열재보기

ㄱ「저런사람도있」은으뜸마디 요「말이쉽은」은딸림마디니
곳덧마디니라

ㄴ「이런사람도있」은으뜸마디 요「뜻이굳은」은딸림마디니
곳덧마디니라

ㄷ「말이쉽은저런사람도있」과「뜻이굳은이런사람도있」두
덧마디를「고」로잇어홑로마디를만들고「고나」로끝맺으
니라

(모월의힘아홉재)알에벌이어적은말들을그림으로풀어밝
게말하라

우리땅에는고기많은바다도있고쇠돌흔한뫼도있소

안방에가면시어미말이옳고부엌에가면며느리말이옳다

열재보기　사람이하욤없이살기는부끄럽으니라(덧마디
를조각마디로삼은것)

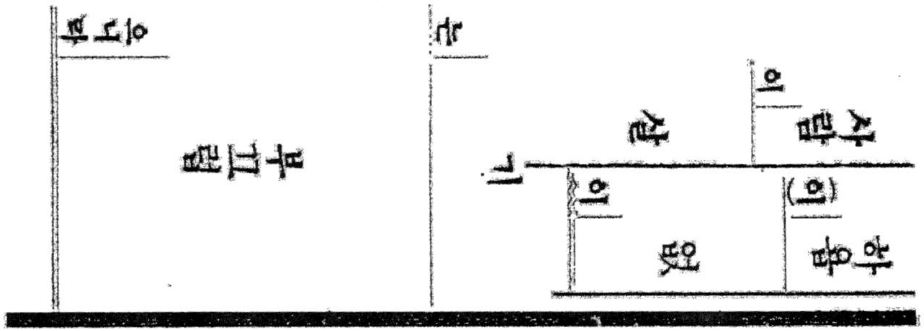

ㄱ「하음(이)없이」는 붙음마디요「사람이 살」은 이름마디요「사
람이 하음없이 살」은 맞마디니라

ㄴ「부끄럼이니라」는 풀이감이니라

ㄷ「사람이 하음없이 살기가」는「부끄럼이니라」의 임자감노
릇을 하므로 곧맞마디가 조각마디 된것이니라

(모범이 될 엿재)말에 벌이어 적은 여러 말을 그림으로 풀어 밝
케 말하라

뜻 어떤 사람 끔어지기는 가을바람에 떨어지는 잎과 갈이

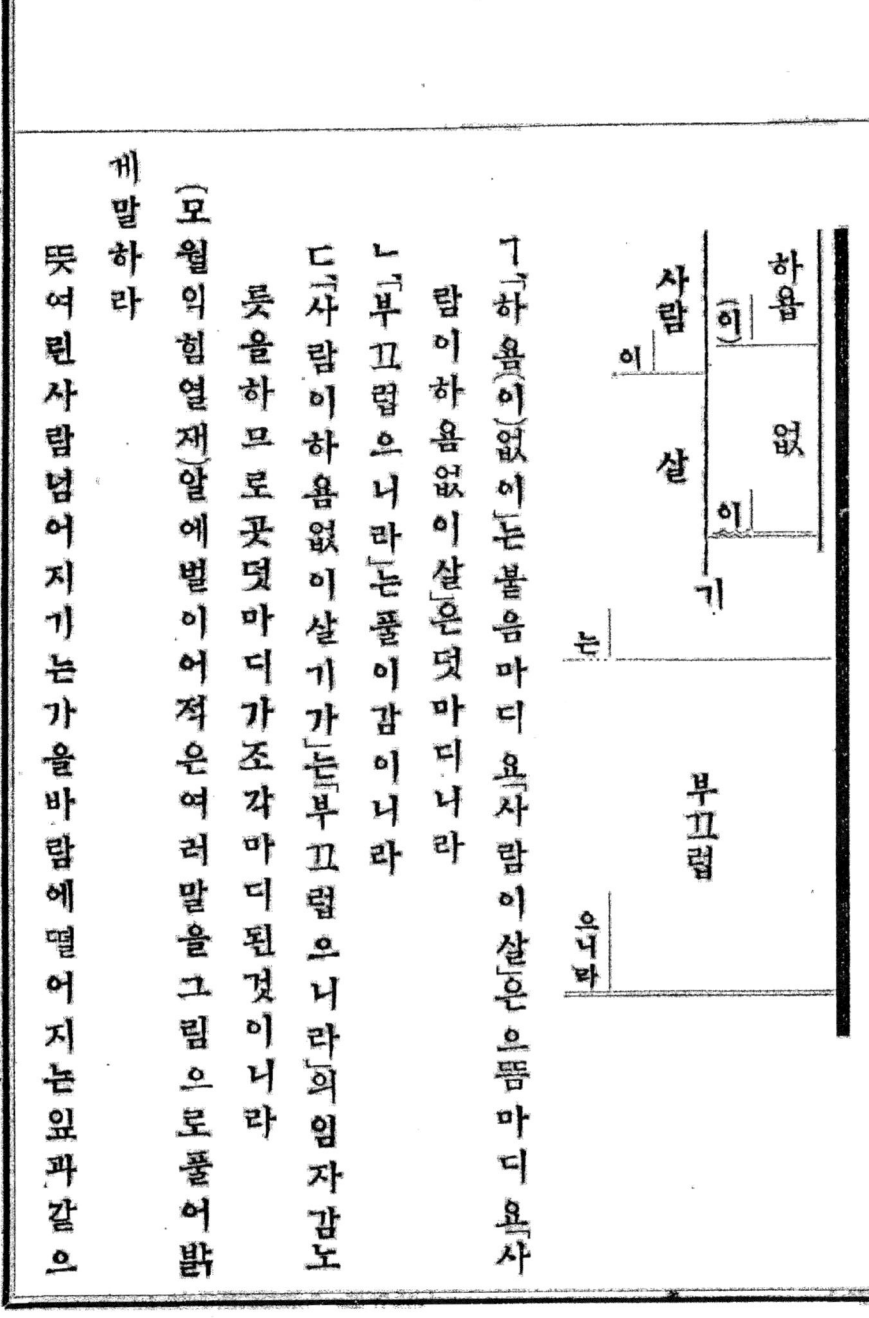

모월열한재보기

니라

맛은없이빛만좋기는개살구라

그사람은쓸대없는잔말이많다

일은비롯이없으면끝도없다

열한재보기 사람이길바르게나아가면일이이루어지리라(덧마디를다시불음마디로삼은것)

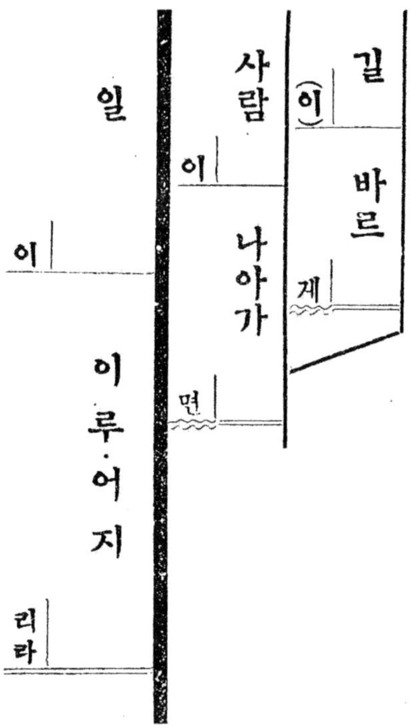
길
(이)
바르
게
사람
이
나아가
면
일
이
이루·어지
리라

ㄱ「길(이)바르게」는불음마디요「사람이나아가」는으뜸마디

모읩열두재 보기

요「사」람이 길(이)바르게나아가」는덧마디니라

ㄴ「일이이루어지리라」는으뜸마디니라

ㄷ「사람이길바르게나아가면」은「이루어지」의매임감노릇을하므로곳덧마디가붙음마디가된것이니라

(모읩의힘열한재」알에벌이어적은여러말을그림으로풀어밝게말하라

뜻여(弱)린사람이모인、그모듬이어찌오래가리요

쓸대없이말많은、그사람이웨또오느냐

같은일이라도힘있는사람이하면、그일이매우쉽게되나니라

그이가검이느끼도록애쓰므로、이일이이렇게쉽게되오

열두재보기 봄이오니목숨가진몬은다질김이있게움즉이는고나(덧마디를다시으뜸마디로삼은것)

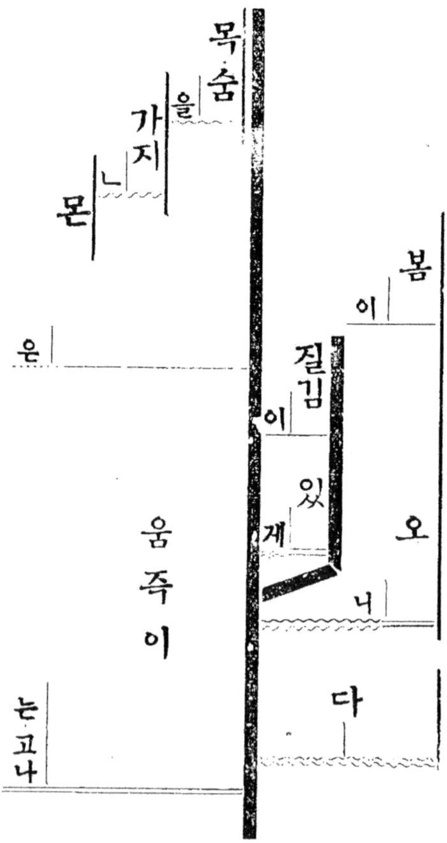

ㄱ「목숨을가진」은임씨몬의딸림감인데몬과어우르어한
임씨와같이되고「우」을더하여임자감이되며「움즉이는
고나」는풀이감이되고「질김이있게」는그매임마디가되
나니라

ㄴ「봄이오니」는다시「질김이있게움즉이」의매임마디가되
나니라

ㄷ,「목숨을가진몬은질김이있게움즉이」를다시으뜸마디
로삼고「봄이오니」를붙음마디로삼으니라
(모월의힘열두재)알에벌이어적은여러말을그림으로풀어
밝게말하라
저가개에사람마다즐기는,맛좋은함흥배가있소
내가늘믿고바래는아무는참보람있게일하시는도다
일이되려고뜻같은사람이모이는도다
골이깊으니소리가힘있게울리는고나
(이열두가지보기는모월에터전될만한홑자리(單位)를보인
것이니이밖에모든것도이를밀우어풀면쉽으리라)

조선말본·월갈 마침

조선 말본

인쇄일: 2025년 3월 15일

발행일: 2025년 3월 30일

지은이: 김두봉

발행인: 윤영수

발행처: 한국학자료원

서울시 구로구 개봉본동 170-30

전화: 02-3159-8050 팩스: 02-3159-8051

문의: 010-4799-9729

등록번호: 제312-1999-074호

잘못된 책은 교환해 드립니다.

정가 150,000원